メディア分光器

ポスト・テレビからメディアの生態系へ

水島久光

東海教育研究所

はじめに

『メディア分光器』の連載は、月刊『望星』（東海教育研究所）二〇〇九年五月号に始まった。毎月月末が原稿の締め切りなので、最初の原稿は二月末に書いたものである。当時、おおよそ隔月で同じくらいの文字数のコラムを、共同通信を通じて全国の地方紙に配信していた（〜二〇一一年八月）。時々の出来事を題材に書くという方針もこの連載とかぶっていたため、比較的教育や研究に近い話題を『メディア分光器』を始めた頃は意識して書いていた。

二〇一一年の東日本大震災の経験は、メディアとコミュニケーションのあり方を真剣に考え直す大きな転機となった。それだけではない。地上デジタル放送への移行が被災三県を除いて完了し、これ以降あらゆるメディアがデジタル化を加速していくことになる。僕個人の大学での立場や私生活にも、さまざまな変化が訪れた。『メディア分光器』にはそうしたことが刻まれている。

人間は、基本的には「いま、ここ」に生きる動物である。未来に起こることを読めないからこそ、懐疑的になったり、逆に断定的になったりもする。その気持ちが過去に対する意味づけを大きく左右する。なんと不安定な、と感じることも少なくない。記憶の積み重ねが「いま、ここ」を揺るがすからこそ、その扱い方はとても大切になる。しかしそれはわかっていても、僕たちが自覚的にそれを操作できる能力は、未だ、それほど養われていない。

人間は、物忘れをする動物である。だから失われた記憶を補うために「記録を残す」「他者に伝える」という術を生み出し、それが可能な環境を広げてきた。その集積が僕たちの社会であり、歴史であるとさえ定義することができる。そしてその媒介を果たしてきたのがいわゆる「メディア」である。それが大きく変化する時代に置かれた『メディア分光器』には、通す光の強弱にとらわれず、束ねられたさまざまな声を析出し、描き出す契機になってほしいという期待もあった。

白色光をそこに含まれるさまざまな波長に分けて示す「分光器（プリズムやグレーティング）」には、多くの人が小学校の理科の時間に出合うはずだ。「おもちゃ」のようなものでも、普通の状態で知覚できない光を見る体験は、しっかり心に残るものである。各回は短いコラムであっても、そういったものであってほしいと思った。一つひとつは「断片」にすぎない。しかし八年という時間をせき止めてみると、そこにはいくつものコンテクストが読めるようになってくる。そういった意味で「分光器」として機能してくれればと。

一冊の本にするにあたり、あらかじめ三つのコンテクストを想定してみた。「時の流れを読む」「対象（メディア）を読む」「自ら（の思考）を読む」である。この三つはボロメオの輪の関係にある。主体とその視線の先にあるもの、そして両者を取り巻いているもの。「断片」と「全体」との関係は、階層的に包摂されず、ゆるく指示し合い、リンクし合うものではないかと考えた。「断片」を書いたときには意識されていなかったものも含め、そういったことがらを時の流れは徐々に表面に押し上げてくれる。ゆえに一応目次上は、コラム本文は一つ目のコンテクスト（＝インデックス）の下に束ねたが、読み方は全くもって自由である。「対象（メディア）」と「自らの思考」の残り二つのコンテクスト（＝インデックス）にも、本文のコラムへのリンクが張られているので、ページを行ったり来たりしていただければと考えている。もちろん、そのリンクはコデックス（本の殻）を破って、その先にあるものをも指し示している。

二〇一六年二月に亡くなったウンベルト・エーコは、本を読む行為を「モデル読者」と「モデル作者」の記号論的攻防、共同作業として想定していた（『物語における読者』【読書ノート04】）。それは文字によって書かれたものだけを対象としていないことは、彼が著したいくつかの先駆的メディア論によっても明らかである。エーコにとってそれはまずはテレビだったが、『フーコーの振り子』などを読むと、その射程はデジタル現象にまで広がっていたことを知ることができる。

知の巨匠の仕事の広大な宇宙と比べるつもりなど毛頭ない。むしろ手持ちのテキストで、その彼の「ハイブリッド・リーディング」的身構えに倣ってみようと考えた、「ひとりワークショップ」のような小さな実践に過ぎない。そんな気軽さでリンクを追っていただければ幸いである。

＊

この本は二〇〇八年に『テレビジョン・クライシス』(せりか書房)を書いてから、久しぶりの単著である。逆に言えば、実は二〇〇八年以降、何度かトライはしたものの「まとまった原稿」が書けないでいた。『テレビジョン・クライシス』は、地上デジタル放送への移行のさなかに書いた。変な言い方だがその「移行」の宙ぶらりんの状態だからこそ、公共性という理念と技術革新に支えられた経済原理との弁証法的な緊張がよく見えた。だからこそ二〇一一年の地デジの完成が、「次への展開」の扉を開いてくれるものと思っていた。でもことはそう簡単ではなかった。

二〇〇八年九月に「リーマンショック」は起こった。当初サブプライム・ローンへの投資に慎重であった日本国内にも、年末にはじわじわとその影響が出始めた。一九八七年ブラックマンデー、一九九一年バブル崩壊と経済的挫折を経験してきたにもかかわらず、その後も「別の道」を提示することができなかった市場は、結果「失われた二十年」のレールを敷いてしまっていた。生産・消費サイクルと金融システムの主客転倒が生んだ「永遠の先送り」の結末。「リーマンショック」は、この後期資本主義的メカニズムからの脱出可能性に止めを刺す出来事だった。

成長が困難な社会に突入した市場にとっては、ＩＴはまさに「希望の光」であった。Windows95を引き金にベンチャー・キャピタルへの過剰投資を加速させた。実は一九九八年以降、マスメディア産業（マス広告市場）は一般市場とともに、下降の一途をたどっていたのにもかかわらず、僕たちは「情報社会の到来」に踊っていた――「チデ鹿（地デジ化）」の間抜け顔は、たぶん僕たちの鏡だったのだ。「クライシス」を「危機」ではなく「重大局面」とポジティブに読み替えていた僕こそが、「先送り」のぬるま湯に、肩までつかっていたのだ。

一方、二〇〇八年は、僕にとっては一年間の研究休暇を得て、本務校・東海大学の講義から解放されることが許された年でもあった。十八年間のビジネス・キャリアに躓き、勢いで研究生活に入った僕の「遅れてきた青春」の、にわか知識の在庫はあっという間に枯渇していた。振り返ればここで休暇が取れなかったら、その後の僕はいない。それぐらい精神的にはテンパっていた。

二〇〇五年の「戦後六十年」を機にアーカイブ研究を始め、同じころから関係を深めていた「市民メディア」のアクティビストたちから刺激を受け、この頃から本格的に全国を旅するようになった。それとともに、思弁の中にあった弁証法は、僕自身の存在と「生きられる世界」とのリアルな空間に移行した。そこから、書き上げたばかりの『テレビジョン・クライシス』を検証する日々が始まった――これが『メディア分光器』のスタート前の状況である。

水島　久光

目次

目次

【本書のリンクの見方について】

〈INDEX Ⅰ〉INDEX Ⅱ・Ⅲの各エッセーへのリンクを左欄外・小口側のアルファベットで、「読書ノート」（三〇二頁）の解説番号へのリンクを下欄外・図書情報の末尾【　】で示す。

〈INDEX Ⅱ・Ⅲ〉INDEX Ⅰの各コラム番号へのリンクを、本文中に（　）で示す。

〈読書ノート〉INDEX Ⅰ・Ⅱ・Ⅲの各コラム・エッセーへのリンクを、ページ番号で示す。

【初出一覧】

〈INDEX Ⅰ〉月刊『望星』（発行：東海教育研究所、発売：東海大学出版部）二〇〇九年五月号〜二〇一七年一月号

INDEX I ――時の流れを読む

メディア分光器 2009-2016

Introduction

期待の現実への接近

二〇〇九年といえば、バラク・オバマ出現である。「Yes, We can」の明快なメッセージを携えた、アフリカの血をルーツにもつスタイリッシュな紳士に僕たちは興奮した。彼はネットを積極的に用い、それが選挙を支えた。人々は彼を「新時代」のシンボルに掲げ、この年は明ける。

政治は変わるかも――僕たちは期待した。一人ひとりの小さな声が届くようになると。振り返れば二〇〇二年に始まった市民メディア全国交流集会（メディフェス）は、この頃が最盛期だった。ネットが普通に動画を扱い、期待は現実に近づくと思われた。そして九月、ついに政権交代が実現する。

僕は、前年就任したＢＰＯ放送倫理検証委員会委員にようやく慣れてきた。そこに「ＥＴＶ２００１―シリーズ戦争をどう裁くか」（二〇〇一）の番組改変問題がやってきた。公開されたテキストを解析することによって矛盾を指摘し、政治介入への忖度《そんたく》を裏づける――研究的手法がメディアの現場にも活かされうることを知った。

いろいろな意味で自分のスタイルに出会えた。ゆうばり国際ファンタスティック映画祭に「出番」を持ち、鹿児島・大隅で「記憶」をテーマに映像制作をした。横浜では「北仲スクール」が始まった。馬車道の歴史的建造物を拠点に集まった六大学の共同キャンパスは、港町発グローカルのムーブメントを起こした。

マイケル・ジャクソンや忌野清志郎の死、あるいは前年に脳梗塞で倒れて以来入院がつづく父のことも、経験を一度通してから、理論的に考える術が見えてきた――そんな流れの中で『メディア分光器』は、スタートした。

2009

平成21年

1月1日　日本が、メキシコ、ウガンダ、オーストリア、トルコとともに国際連合安全保障理事会の非常任理事国となる。

1月20日　バラク・オバマが、第44代アメリカ合衆国大統領に就任。アメリカ合衆国史上初めてのアフリカ系大統領。

1月28日　国際通貨基金（ＩＭＦ）、２００９年の世界全体の経済成長率が0・5％と、第2次世界大戦後最悪となる見通しを発表。

2月17日　ローマで開催されたG7財務大臣・中央銀行総裁会議の会見に意識もうろうの状態で出席した問題で、中川昭一財務金融担当大臣が辞表を提出。

2月22日　映画『おくりびと』が第81回アカデミー賞最優秀外国語映画賞に選ばれる。

2月28日　南日本新聞・琉球新報・沖縄タイムスが夕刊の発行を終了。全国で夕刊発行終了続く。

3月3日　ドイツ・ケルンの公文書館が崩壊。１０００年以上前の史料を含む6万5千点余りの資料に被害。

3月13日　日本政府、自衛隊法に基づく海上警備行動で海上自衛隊をソマリア沖へ派遣決定。海賊対策のため。

3月31日　楽天、発行済み株式の１９％強を保有する東京放送（ＴＢＳ）に関し、株式買取請求権行使を決定、ＴＢＳ買収および業務提携から撤退。

4月5日　アメリカのバラク・オバマ大統領がプラハで演説。「アメリカ合衆国は、核兵器のない世界の平和と安全を追求する」と表明。

5月1日　ＮＴＴドコモの動画配信サービスを利用したＢｅｅＴＶ開局。

5月9日　青山葬儀場にて忌野清志郎の葬儀『青山ロックン・ロール・ショー』が行なわれた。

5月11日　小沢一郎民主党代表が公設秘書逮捕を受け党代表を辞任。

5月23日　盧武鉉第16代韓国大統領が自殺。

6月1日　アメリカ自動車会社最大手のゼネラルモーターズが連邦倒産法第11章適用申請、負債総額16兆４０００億円。

6月11日　世界保健機関（ＷＨＯ）、新型インフルエンザの警戒水準を最高の「６」へと引き上げ、パンデミック（世界的大流行）を宣言。

6月25日　アメリカ合衆国の歌手、マイケル・ジャクソンが自宅で心肺停止状態となり逝去。

7月1日　社団法人公共広告機構が「ＡＣジャパン」に改称。

7月22日　インド、中国、日本などの国々や太平洋の島で皆既日食を観測。21世紀で最も継続時間の長い日食となる。

8月3日　裁判員制度による初の裁判が始まる。東京地方裁判所において午前中に選任手続きを経て、裁判員６人と補充裁判員３人が選任された。

8月6日　原爆症の認定における集団訴訟で、原水爆禁止日本協議会の原告団は、すでに勝訴している原告については高裁判決を経ずに原爆症と認定。

8月8日　歌手で女優の酒井法子が、覚せい剤取締法違反容疑で警視庁に逮捕される。

8月18日　金大中第15代韓国大統領、多臓器不全により、85歳で死去。

9月16日　衆議院議員、民主党代表の鳩山由紀夫が第93代内閣総理大臣に任命され、鳩山由紀夫内閣が成立。

10月2日　第１２１回国際オリンピック委員会総会において２０１６年夏季オリンピックの開催都市にリオデジャネイロが決定。

10月8日　「Ｗｉｎｎｙ」開発者の著作権法違反（著作権侵害・幇助）の疑いに関する裁判で、大阪高等裁判所が逆転無罪の判決。

10月9日　前原誠司国土交通大臣は、56のダム事業のうち48事業について今年度については凍結する方針を表明。

10月9日　ノーベル平和賞をバラク・オバマ大統領が受賞。「核なき世界」「国際協調」「対話路線」を評価。

10月22日　マイクロソフトのオペレーティングシステム（ＯＳ）最新版「Ｗｉｎｄｏｗｓ７」が発売開始。

11月11-17日　政府の行政刷新会議が平成22年度予算の無駄を削る「事業仕分け」を開始。

11月13日　アメリカ合衆国大統領バラク・オバマが初来日。

11月21日　任天堂がニンテンドーＤＳｉ ＬＬを発売。

12月1日　欧州連合（ＥＵ）の新基本条約であるリスボン条約が発効。

① 映画祭と夕張の記憶　（2009.2-3）

二月末、北海道夕張は例年より暖かく、穏やかな日差しにつつまれていた。約一年、ここに通い詰めた僕の小さなプロジェクトは、今回の出張でひとつの節目となった。

二十六日から五日間、この静かな町は、復活二年目を迎える「ゆうばり国際ファンタスティック映画祭[*01]」で、少しだけ異様な雰囲気になる。僕はそこで、映像の中に夕張の過去の姿を見る、「ゆうばりアーカイブ」という地味なプログラムの解説役をつとめた。

夕張市は二〇〇七年三月に財政再建団体となり、炭鉱閉山に次ぐ二度目の、そして決定的な危機を迎えた。あれから二年。いまでもこの町は困難な再建計画のただ中にある。遠目に見るならば、状況はさほど変わっていない。というよりもむしろ街の風化の度は、激しさを増しているようにも映る。しかし形ある「もの」が儚く消えていく一方で、そこに留まる人間の「精神（こころ）」は、意外にしぶとくしたたかであることに気がつく。

大規模な観光予算をつぎ込み、破綻とともに中止になった「映画祭」。それ

*01　一九九〇年、当時の北海道夕張市長中田鉄治の「炭鉱から観光へ」政策のシンボル的イベントとして始まる。二〇〇六年の財政破綻発覚を受け、〇七年は有志による「応援映画祭」として開催。〇八年以降は市に代わってNPO法人を中心にした実行委員会が主催をする手づくり的運営に移行。破綻から十年、縮小を続ける街での開催に関係者は汗を流している。

が地元NPOの手で運営されるようになったのは、十九年間積み重ねてきたこの祭を愛する人々の気持ちの強さがあったからである。集まった新作映画を見ても「ファンタスティック」という言葉を多様に解釈する、「文化」とも呼ぶべきスタイルが出来上がっている。それこそ「精神」の地層といったらいいだろうか。

僕は夕張の石炭博物館に眠っていたVHSテープ約四百五十本をデジタルダビングし、地域映像アーカイブ構築のための基礎研究を行なってきた。古いものは大正五年の三井財閥来夕の記録。貴重な戦前戦後の炭鉱町の映像も少なくない。まさに石炭によって人工的に作られ消えた、都市生活をリアルに刻む生きた歴史資料である。

「精神」の地層は「記憶」が生み出す。夕張の危機は、常に新しさと物質的な豊かさを追い求め、過去を安易に放棄してきた、現代社会の記憶喪失病の象徴といえよう。

人々の熱意によって新たな歩みを始めた映画祭で、夕張の古い映像「記録」を見ることの意義は、まさにこの限界状況が「もの」と「こころ」の本質的関係を問いかけていることにある。

② 海難事故と大隅の記憶　（２００９.４）

鹿児島県大隅半島は、たくさんの不思議な出会いを僕に与えてくれた。始まりは二〇〇五年。県域ラジオの中継局廃止が契機になった、ＮＰＯによるコミュニティＦＭ（おおすみＦＭネットワーク）開局計画との出会いだった。新しくメディアを仕組みごと作ってしまおうというその発想の大胆さに驚き、僕は発起人を授業に招いた。

「水島さん、誰か立ち上げに参加してくれるいい学生いないかな」彼の唐突な問いを、僕はゼミのある四年生に振った。すると「はい！」との二つ返事。このトントン拍子の展開は、もちろんこの学生の人生を変えたが、あわせて僕の運命も変えることになる。

『冬の波』――昭和十九年、錦江湾で四六六名の死者・行方不明者を出した「第六垂水丸遭難事故」にまつわる物語との出会いは翌年夏、開局したばかりのそのラジオ局を訪ねた時だった。海難審判史上二番目の大惨事であるにもかかわらず、いまや地元の人々の記憶からほとんど消えてしまった出来事。僕はその現実と物語のコントラストに、なぜか惹きつけられた。

戦後六十年を機に「戦争とメディア」をテーマに研究を始めていた僕は、この出来事の調査を行ない、ドキュメンタリーを作ろうと思い立った。インタビューに応じてくれた方には、この悲惨な出来事の記憶を、六十年以上心に封じ込めてきたという人も少なくなかった。取材を続ける中で、歴史とは実は「語る」行為と「口をつぐむ」ことの狭間で揺さぶられ続けるものなのだということを実感した。

僕たちがこの事件を調べ始めたことは、少なからず地元の人々の気持ちを動かしたようだ。今年春、訪れる人もなかった慰霊碑の再建が決まり、遺族会が立ち上がった。そんな中で開いたドキュメンタリーの上映会には、何百もの人々が集まった。その一人に、事故の責任を問われ、困難な戦後を暮らしてきた船長の家族がいた。彼は、この映像によって癒されたという伝言を僕に残して会場を去った。

大隅が僕に教えてくれたことは「語る」という行為の重さである。それが原点となって、社会は構成され、歴史は刻まれる――あまりに言葉が軽い、現在のメディア社会に、「地域」は今、警告を発しているように僕には思える。

③ 医療とコミュニケーション（2009.5）

「次の大会は東海大学でやって欲しい」――所属する日本記号学会の理事会で依頼を受けたとき、正直どのキャンパスで開催するか迷った。会員数二百五十人の学会に湘南は大きすぎるし、どうせなら開催校として少しはPRに利用させてもらいたいという思惑もあった。結果、伊勢原を選択――だがこのちょっとした思いつきは、どんどん必然に引き寄せられていった。

昨年三月に父が倒れたことが僕の医療に対する関心を開いたのは確かである。しかしそれはシンポジウムを企画できるほどのアカデミックな問いには程遠い「もやもや感」でしかなかった。新聞やテレビの関連番組をとりあえず追ってみた。医療事故と訴訟、現場の逼迫、高齢者や難病医療の切実さ。その一方で再生医療や遺伝子治療など最先端分野の進化は目覚ましい。

しかし多くの人々の目は簡単に安全神話や民間療法に引っ張られ、テレビは毎日「神の手」探しに奔走している――僕は愕然とした。どうしてこんなに医療情報は引き裂かれてしまっているのか。

医療問題の根底には、コミュニケーションの問題がある。この予感は、登壇者を探し、議論を重ねるごとに確信に変わっていった。古典から新書まで本も読み漁った。久々に開いたM・フーコー『臨床医学の誕生』[01]の冒頭の一節に震えた。

「この本の内容は空間、ことばおよび死に関するものである。さらにまなざしに関するものである」――医療とメディアの問題は同じフレームの上にあったのだ。医療者の体系化された言語圏と、患者あるいは一般の人々の日常世界との間に立ちはだかる壁。どんなに技術とシステムが導入されても縮まらない絶望的な距離。そこに「対話」は開かれるのだろうか。

初日（五月十六日）は大きな希望の陽がさした――医療者個人と患者はまなざしを重ねることで同じ問題に向き合うことができる。しかし次の日早くも期待は壁に当たる。社会的スケールで情報共有を目指した瞬間、問題は複雑さの罠に落ちた。

二日間のシンポは、僕たちに医療問題の困難さを再確認させただけだったのか。いやそうではない。「からだ」と「いのち」の解釈の広さ、病院という空間の可能性――何より医療とは、学際性に開かれた分野であることが実感できたからだ。

01 ミシェル・フーコー『臨床医学の誕生』（みすず書房、一九六九）【読書ノート13】

④ 抵抗なき時代に （2009.5-6）

五月九日、青山葬儀場にて忌野清志郎の葬儀『青山ロックンロール・ショー』が行なわれた。

聞くところによると、美空ひばりの葬儀を超える参列者だったそうだ。忌野には誰もが知っているようなヒット曲はない。しかし年齢を重ねるごとにその存在感を増し、幅広い人々の共感と支持を集めた、稀有なミュージシャンであった。

僕が最も好きな忌野の曲は、『トランジスタ・ラジオ』（一九八〇年）――「Ｗｏｏ授業をさぼって、陽のあたる場所にいたんだよ」で始まる、あの歌である。原発反対の歌で発禁処分を受けたりして、とかく反骨のイメージが強い忌野だが、この曲には、一見すると相容れないように思われる「抵抗」と「突き抜けた明るさ」が絶妙に混ざり合っている。

特にサビの「君の知らないメロディー、聞いたことのないヒット曲」のリフレインが心に刺さる。ここには遠い世界へ憧れる素朴な好奇心や甘酸っぱい欲望と、それを抱く若者に優しく手を差し伸べる「ラジオ」というメディアとの信頼関係がある。

忌野の死と同じ頃、携帯通信会社が、「尾崎豊、解禁」と称して着信曲のキャンペーンをやっていた。尾崎もある意味「反骨」のミュージシャンである。しかし忌野よりも十四年遅く生まれ、わずか二十六歳で足早にこの世を去った「天才」の歌は、対照的に常に内面に向かい、そして暗く、暴力的である。こうして比較してみると、忌野で始まり尾崎で終わった八〇年代が、どのようにして「抵抗」のモードを変化させ、若者の心を閉じさせていったかがわかる。

僕は「尾崎」キャンペーンのコピー「今の世の中には、I LOVE YOU が足りない」に、抵抗なき時代の記憶の脱色を感じないではいられない。尾崎からコミュニケーション不全の息苦しさが消去され、耳当たりのよいラブソングが残されたように、忌野も「ちょっとエッチな歌を唄っていた、奇抜なおじさん」とだけ記憶されていくのだろうか。だとしたら何ともやりきれない。

かつての若者の高齢化とともに、反骨の記憶はノスタルジーに回収され、その脇を世界に何の興味も疑いもない学生たちが、リクルートスーツに身を包み通り抜ける。その手に「トランジスタ・ラジオ」ではなくケータイが握られている情景が何とも象徴的である。

⑤ 昭和三十年代を振り返る意義 （2009.7）

ＴＢＳのドラマ『官僚たちの夏』が気になる。政治経済状況が混迷しているこの時期だからこその作品なのかもしれないが、それにしても官僚たちが格好よすぎる。

きわめつけは、まるで往年のハリウッド映画のような番宣ポスター。主演の佐藤浩市と北大路欣也の対立を際立たせた構図には、いささか「やりすぎ感」を抱かないでもない。

『三丁目の夕日』[*02]以降、「昭和」はこの十数年間を指す言葉に狭められてしまった。『官僚たちの夏』も基本的にはこのイメージの固定化の流れに乗った企画だ。しかし扱われた問題は結構難しい。資本主義の基本的理念である自由と、それに介入する政策の対立は、主役と敵役の人間関係などよりも、よっぽど複雑でドラマティックである。

事実、主役のミスター通産省と呼ばれた風越信吾（佐藤浩市）の判断にも、一徹なようで、矛盾が見え隠れしている。テレビ業界に対しては電算機開発への業態転換を促す一方で、繊維産業に対してはひたすら保護を訴える――この

＊02　西岸良平が一九七四年から『ビッグコミックオリジナル』で連載を開始した漫画を原作に、『ＡＬＷＡＹＳ　三丁目の夕日』のタイトルで二〇〇五年に山崎貴監督で実写映画化。吉岡秀隆、堤真一、薬師丸ひろ子、堀北真希らが出演、三二・三億円の興行成績を上げ、二〇〇七年に続編も製作。昭和三十三年（一九五八）の東京港区をモデルに当時の街並みをコンピュータ・シミュレーションして話題になった。

違いは何に根ざしているのか、ドラマは必ずしも明示的に語ることはしない。いやむしろ描ききれていない。

なぜならば政治経済の核心は、常に「そのとき」の状況判断にあるからであり、権力はその成否によって揺れ動くものだからだ。つまり『官僚たちの夏』に描かれる対立は、主義主張による、普遍的な「正しさ」をめぐる争いなのではなく、刻々入れ替わる状況に対する認識・判断の「正しさ」の攻防なのである。実はここにこそ、政治経済問題の本当の面白さがある。それだけにその評価が難しいのも事実である。

テレビが政治や経済を描くことのリスクは、この困難さを制作者がどこまで理解できているかにある。しかし新自由主義や、劇場型政治の負債が招いた現在の状況においてさえ、テレビは相変わらず、単純なイメージの生産を続けている。その意味で『官僚たちの夏』は大きな危険を抱え込んだドラマであるといえよう。

しかしそういった問題はあるにせよ、こうした番組を契機に、これまで『三丁目の夕日』的ノスタルジー一色であった高度成長期を真面目に振り返る意義は大きい。現代社会における映像アーカイブの重要性は、こうした点からも論じることができるテーマだ。

⑥「記録」の凄味、表現の困難さ（２００９.８）

かの戦争が終わってから六十四年が経った。それでも八月はやってくる。記憶を語れる人の数は、間違いなく少なくなっている。六月の沖縄・慰霊の日の前日に放送された『〝集団自決〟戦後64年の告白～沖縄・渡嘉敷島～』（ＮＨＫ）は、「証言者の老い」を図らずも描き出してしまった衝撃作だった。認知症になったかつての告白者の姿は、社会的記憶喪失を患う現代のもどかしさとダブってみえる。もう数年もしたら自らの体験として戦争を語る人はいなくなる――その危機感は極めて重い。

昨年は、オリンピックのおかげで、戦争を語る声が静かな夏だった。ドラマ『帽子』、ドキュメンタリー『封印されたＮＡＧＡＳＡＫＩ』（いずれもＮＨＫ）では「戦時」そのものの描写は淡く、主題は「戦後」にあることが印象づけられた。果たして戦争の記憶は、このまま薄れてしまうのだろうか。

しかし今年また状況は大きく変わった。八月九日から三日間放送されたＮＨＫスペシャル『日本海軍４００時間の証言』、十日の『最後の赤紙配達人～悲劇の〝召集令状〟64年目の真実』（ＴＢＳ）は、ともに埋もれていた資料の発見を契機に作られたものだ。明らかになる事実の凄味――確かに「記録」は「記憶」を補って余りある。

一方でこれらの番組は、「記録」を軸にした映像構成の難しさも示したといえる。それらの言葉の主はもはや今はいない。再現セットと写真で構成したNHK、ドキュドラマ（ドキュメンタリーとドラマの結合）を用いたTBS。いずれも危機感が高まった五年前から経験を積み、完成度を高めてきた。しかし、課題もたくさんある。

当事者たちが去りつつある今、戦争はまさに「歴史」になろうとしている。ただ学ぶだけでなく、その生成プロセスに参加する緊張感。残された「資料」をどう解釈し、そこから何を考えるか――その課題を引き受けるためには、ありったけの「想像力」を働かせる必要がある。

『400時間の証言』は、エリートたちの内向き志向を暴き、それを現代の問題に敷衍させた。『最後の赤紙配達人』は小さな村の出来事を、日本のどこでもありえた話として描いた。

これからの「資料」の時代、テレビの役割は、まさにこうした「想像力」を喚起することにある。

⑦ 放送作家という強烈な存在 （2009.9）

シルバーウィークの間、東京・新宿で『放送作家たちの50年』というイベントが開かれた。主催は、日本放送作家協会。

普通なら豪華なホテルでパーティーでもやりそうなところである。しかし理事長の市川森一が語るところによれば、「そんなことをやっている場合ではない」ということで、シンポジウムと脚本アーカイブ展、台本朗読会など、知的でかつ手作り感満載のイベントとなった。

背景となっているのは「放送文化に対する強い危機感」である。作家たちには、局という組織に属さず、個人の力で放送という得体の知れないモノを創ってきた強い自負がある。その意味で、今日のこの世界の問題がクリアに見えているのかもしれない。

僕はそんな中で、バラエティに関するシンポジウムのコーディネーターを務めた。ダウンタウンのパートナーとして知られる高須光聖は、一見バラエティ全盛になった今の方が、番組が作りにくくなっていると口火を切った。横澤彪、秋元康はそれを受け、八〇年代を分岐点に、テレビの何が変わったかを痛快な毒を交えながら語った。

放送はかつて「縁日」であり、怪しげな「九龍城」であった。画面に映らない、その向こうに何かがある——それを互いに察し、好奇心を刺激し、面白がる——バラエティ作家たちが放送に期待したのはそうしたコミュニティの形成であった。しかし大衆と放送との垣根が崩れた八〇年代、組織としての放送は、彼らの期待とは真逆に舵を切った。

いまや放送局は、番組を手段に利益を追求するだけの「普通」の私企業でしかなく、若い制作者たちはそれに奉仕するだけの労働者でしかない。しかしシンポジウムはこの閉塞感を嘆くことだけでは終わらなかった——拡大を志向し続けた市場経済の行き詰まりこそが、まさに「文化としての放送」を復権する、逆襲のチャンスである、と。

コンプライアンス（公正さ）に陰ひなたなく照らされ、創造の源たる肌理を失った今日の放送に、活力を与えるのは、まさしく彼ら「作家」に代表される「個人」の力ではないか。

そして、この強烈なパーソナリティに感応する視聴者の出現にも、今後ますます期待したいところである。

⑧都市から何が学べるか（2009.10）

横浜は不思議な町である。敢えて一言で表すなら「歴史性と現代性が複雑に混ざり合う町」ということになるのだろうが、どうもそうしたスローガンには回収しえない襞のようなものが、個々の街路に刻みつけられているような印象が僕にはある。

今年、横浜は開国一五〇周年を祝った。記念イベント『開国博Y150』は、動員が予想を大幅に下回るなど、目論見違いの部分も少なくなかった。しかしそれも、横浜という存在を、一過性の催しで包み込むこと自体が不可能だったことの証明と考えることができる。

事実ここ数年横浜では、自らの町のコンセプトと機能を問い直す、中長期のプロジェクトがいくつも立ち上がっている。横浜駅周辺をはじめとした再開発、BankART1929、ZAIM、黄金町バザールなどのアートプロジェクト——いずれも「都市」とは何か、その本質と未来に迫る取り組みである。

開港前はわずか百世帯にも満たない漁村であった横浜は、いうまでもなく「近代」という時代がつくり出した人工の産物である——その特性たる「モノとヒトの出入り」が生み出した、空間構造とリズムが、この町には集約的に表れている。最近の横浜におけるプロジェクトは、その自覚的な先取り＝知的介入を目指しているように見える。

そのプロジェクト群に、この秋新たに加わったのが、馬車道で来春の開校を目指す「横浜文化創造都市スクール[*03]（北仲スクール）」である。横浜国大、横浜市大を中心に、東京芸大、神奈川大、関東学院大、東海大、京都精華大の七大学連携で運営するこのサテライトスクールは、まさしくそのモノとヒトの交差点である都市に、大学の知をも重ねていこうという試みである。

学生にとっては、この学校の科目を卒業単位にできるというメリットがあるが、それ以上に「都市文化」と「都市デザイン」という、近代社会の器と中身を、その生成変化の現場で学ぶことの意義は大きい。狭い意味での大学の枠組みの脱構築をも、ここから見通せるとするなら、この試みは「大学の未来」の自覚的な先取りにもつながる。

この秋は、いくつかの試行授業と公開講座、ワークショップを展開する。学生たちはどんな「近代→未来」像を手にしていくのだろうか。

*03　「平成二十一年度大学教育充実のための戦略的大学連携支援プログラム」に採択され、二〇一〇年度の開講を目指し前年九月に馬車道の産業遺産「北仲ブリック（旧帝蚕倉庫）」で立ち上がった「学校」。「都市デザイン／都市文化の担い手の育成」を目標に七大学のコンソーシアムで運営し、大学・地域の枠を超えた「まちづくり」「アート」「メディア」を結ぶ教育プログラムを実践。残念ながら二〇一二年三月で助成終了とともにプログラムもいくつかのプロジェクトに解体した。

⑨ テレビの娯楽と民主主義 (2009.11)

安上がりな番組の大量生産を見るにつけ、テレビとの絆の危うさにゾクッとする。大学でも学生たちの冷めた目線を前に、テレビの話をすることが年々難しくなってきた。日常生活にテレビがぴったり寄り添っていた感覚は、いつ消えてしまったのだろう。

ネットには、テレビ・バッシングの山である。

確かに叩かれてもしかたがない過剰で配慮を欠いた表現もある。しかしそれよりも、こうした批判の中に、テレビを攻撃することを悦んでいるような悪意を感じることが気にかかる。どちらにしても今、このメディアの周りには冷たい嗤いが渦巻いている。

かつて「楽しくなければテレビじゃない」と言った局の周年記念番組『記録よりも記憶にのこるフジテレビの笑う50年』を見た。娯楽番組なのに、なんだか複雑な心境に陥ってしまった。往年の笑いを懐かしみ、コンプライアンスに縛られた今を憂う——気持ちはわかるが、それじゃあ笑うに笑えない。

どんなに下品と揶揄されてもドリフターズはどたばたを続けた。『時間ですよ』（ＴＢＳ）は女湯を晒し、生放送で石橋貴明（とんねるず）は傍若無人に観客に殴りかかった。確かに一つひとつの絵づらは最低だ。でも僕たちはそのはちゃめちゃさにリアリティを感じ、テレビとの近さを楽しんだ。バラエティにしてもドラマにしても、そのありえなさと日常を切り分けつつ、器用に重ねる感性がそこにはあった。

なんでも自由にモノが言える社会へ。テレビの歴史は、戦後民主主義と歩みを一つにしてきた。それは真面目一辺倒だけでなく、真剣に弾け、笑いながら底辺に批判を言わすハイブリッドな創造性とともにあったはずだ。しかし今、真面目さと娯楽は引き裂かれ、社会は公明正大さを隠れ蓑に陰鬱な空間を広げつつある。視聴者は自分の手を汚さず、不快さの駆除を権威に求める。なんだか「いつか来た道」である。

僕も委員を務める、ＢＰＯ[*04]放送倫理検証委員会は、十一月十七日『最近のテレビ・バラエティー番組に関する意見書』を発表した。メディアはいつの時代も社会と人間の関係の鏡である。

テレビの黄昏が、最悪の時代の入り口にならないことを祈り、制作者にエールを送らずには居られなかった。ぜひご一読を。

＊04 ＢＰＯ放送倫理・番組向上機構は、ＮＨＫと民放連によって設置された「放送における言論・表現の自由を確保し、視聴者の基本的人権を擁護するため」に諸問題にあたる第三者機関。「放送人」の自主・自律に厳しい目を向ける「放送倫理検証委員会」、申し立てを受けた「視聴者や被取材者の権利」を審理する「放送人権委員会」、放送に対する弱者たる青少年の立場から発言する「青少年委員会」の三委員会からなる。

⑩ 僕がツイッターをやらないわけ　（2009.12）

インターネット・サービスのトレンドの移り変わりはすさまじい。あれだけ騒がれたブログも、一部のタレントもの以外は、次々と更新の滞った廃墟になりつつある。その後キラー・サービスはmixi（ミクシィ）からニコニコ動画へ。そして今年は、twitter（ツイッター）の話題一色になった。

ツイッターの思想は至って単純だ。ネットワークの物理的な接続を、人と人の「つながり」の実感にダイレクトに変換する仕組みといったらいいだろうか。とりわけ情報の流れのベネフィットを、同時性と凝集性に集約させたところにこのサービスの面白さがある。

ツイッターの可能性を語る人は多い。言語行為の渦中にありながら、それを俯瞰できるかのような感覚は、クリエイティブ・マインドを当然強く刺激する。しかしこのトレンドが、ブログ→ミクシィ→ニコ動の延長線にあることがどうも引っかかる。この流れは、今日のウェブユーザーの「時代精神」を象徴しているように見えるのだ。

十二月七日東京大学の安田講堂で、ウェブ学会準備委員会による第一回のシンポジウムが開催された。

若手の研究者やビジネス・エヴァンジェリストたちが中心になって、これまで散文的にすぎなかった「ウェブ論」に学術的な基盤を与えようという試みである。もちろんその志には賛同する。しかし会場の内輪的雰囲気や内容には、正直物足りなさを禁じえなかった。

主題は専ら「集合知」に引き寄せられていた。コミュニケーションの複雑さはスキップされ、物理的な関係が無批判にコミュナルな理想にすり替えられる。そのナイーブさからは、自分が先端にいるという現状肯定的高揚感、エリート主義の匂いが漂ってくる。その中で繰り出される民主制「再考」論には、明らかに歴史意識が欠如している。極めつけは「質問はツイッター経由のみ」——なんと無邪気なことか。

他者なき環境と、それに埋没し技術的無意識に陶酔する——これがこの「時代精神」の正体である。ツイッターの最大の脅威は、そこから片時も離れられなくなってしまう「引力」にある。メディア〝から〟距離をとる自由がなければ、真のメディアの姿は見えてこない。

僕がツイッターをやらない理由は、ひとえにここにある。

Introduction
テクノロジーと理論と存在と

この頃、僕は結構精力的に「本づくり」をしたと思う。『テレビジョン・クライシス』に続き、西兼志と『窓あるいは鏡』を出し、藤田真文、岡井崇之らと『プロセスが見えるメディア分析入門』を編んだ。振り返ってみるとここが「第一期」棚卸期だったのかもしれない。

その締めくくりとして二〇一〇年四月に出版したのがダニエル・ブーニュー『コミュニケーション学講義』である。西兼志が、勉強会用のテキストとして紹介したことがきっかけだったが、レジス・ドブレやベルナール・スティグレールに比べ、きちんと紹介されていないブーニューの仕事を訳出する意味は大きいと直感した。翻訳はほぼ一〇〇%西の仕事である。僕は刊行に向けてかたちを整えただけだ。でも思い出に残る仕事だ。

非常勤ながら立教大学で一年だけゼミを持つことになった。毎週木曜朝イチで池袋に行き、昼間東海大で授業をして、夕方また池袋に戻る「大移動」を続けた。火曜と金曜は横浜の「北仲スクール」。大学の枠を超えて、多くの学生たちとよく飲んだ。

じわじわとメディア環境が転換していた。スマートフォンの普及に若干の抵抗があった僕も、さすがに学生が卒論でテーマにするようになって、乗り遅れるわけにいかなくなった。そして感じた——パソコン時代の終わりの始まりを。

社会的事件では、「尖閣諸島中国漁船衝突事件」が記憶に残る。これ以降、すべての現実は「誰かが撮り得る対象」となった。ジャーナリストの権威は失墜し、マスメディアは二次言説装置に堕していく。この年の七月、僕は複雑な思いとともに父を亡くした。

2010

平成 22 年

2010

1月1日　奈良県で平城遷都１３００年祭が開幕。日本年金機構が発足。

1月4日　ドバイに世界一の超高層ビル、ブルジュ・ハリファがオープン。

1月12日　ハイチの首都ポルトープランス付近でマグニチュード７・０の地震が発生。

1月19日　日本航空が会社更生法の適用を申請し、事実上の倒産となる。

2月12日－28日　冬季オリンピック・バンクーバー大会開催。

3月15日　東京、大阪の民放ラジオ局13社が、通常の放送と同時にインターネットにも番組配信する試験放送を「ｒａｄｉｋｏ．ｊｐ」にて開始。

3月18日　ワシントン条約の議締約国会議の委員会でモナコが提案した大西洋および地中海沖のクロマグロの国際商業取引禁止案を否決。

3月28日　建設中の東京スカイツリーが東京タワーを抜いて３３８ｍとなり日本一の高さの建設物となった。

4月1日　毎日新聞が共同通信を１９５２年に脱退して以来58年ぶりに再加盟。

4月6日　１９６１年に発生した名張毒ぶどう酒事件の第７次再審請求の特別抗告に対し、最高裁判所は名古屋高等裁判所に審理差し戻しを言い渡す。

5月1日　上海国際博覧会が開幕。中国の上海市にある上海世博園で10月31日まで開催される。

5月4日　アメリカ軍普天間基地の移設問題で鳩山由紀夫首相が沖縄を訪問し沖縄と徳之島に分散移設する方針を表明。

5月6日　イギリス庶民院総選挙が行なわれ、保守党が３０６議席で第1党となり、政権与党の労働党は２５８議席に留まり、第2党になった。

5月18日　宮崎県で流行している家畜伝染病口蹄疫問題で東国原英夫知事が非常事態を宣言。

6月2日　内閣総理大臣鳩山由紀夫が民主党臨時両院議員総会の席で退陣を表明。同時に小沢一郎民主党幹事長も辞任を表明した。

6月11日　アフリカ大陸で初のＷ杯、ＦＩＦＡワールドカップ南アフリカ大会が開幕。

6月13日　世界初となる天体に着陸してのサンプルリターンに成功した小惑星探査機「はやぶさ」が地球に帰還。

6月28日　高速道路無料化社会実験の開始。

7月5日 日本放送協会や民放地上波テレビ局127社は、2011年の地上デジタル放送移行を機に画角16：9サイズのレターボックス放送に。

7月11日 第22回参院選が実施され民主党が惨敗、自民党が勝利し、与党が過半数に届かないねじれ国会へ。

7月13日 マイクロソフト「Windows 2000」のサポート期間が終了。

8月18日 イラク駐留アメリカ軍の戦闘部隊が全て撤退完了。

9月7日 尖閣諸島中国漁船衝突事件。

9月10日 虚偽有印公文書作成・行使罪に問われていた元・厚生労働省雇用均等・児童家庭局長村木厚子被告に大阪地方裁判所が無罪判決。

11月2日 アメリカで中間選挙が行なわれ、オバマ大統領率いる与党民主党が惨敗。上院・下院共に共和党が議席数を伸ばした。

11月13日 ミャンマーの民主化指導者アウンサンスーチーが解放され、自宅軟禁が7年半ぶりに解除される。

11月13日-14日 横浜市でアジア太平洋経済協力会議（APEC）の首脳会議が開催される。

12月4日 東北新幹線 八戸駅 - 新青森駅間が開業し、同線が全通する。

12月5日 専決処分を繰り返していた阿久根市長・竹原信一のリコール（解職請求）、賛成が有効投票の過半数を上回って即日失職となる。

12月24日 児童養護施設に匿名で寄付を行なう「タイガーマスク運動」が全国に広がる。

⑪「広告」の社会性を考える（2010.1）

広報メディア学科の学生で、しかも広告の授業やゼミに参加する学生なら、「広告」に素直な憧れを持っていると考えるのが普通だろう。しかしそれは、クリエイターたちが盛んにメディアに露出していた時代の話だ。今の学生たちの気持ちは、そんなに単純ではない。

彼らは、今や多くの人が「広告」に関心を抱いていないことを知っている。かつてはマスメディアに限られていた広告のフィールドが今や、ネットや生活空間の隅々に広がっていることを、日常感覚としてわかっているし、そうした情報が充満した世界の息苦しさも肌身にしみている。彼らは何より、情報を押しつけられることを嫌っている。

電通が毎年発表している『日本の広告費[*05]』を見ると、広告市場はおよそ十年前から完全に成長が止まっていることがわかる。いや、凋落傾向にあるのはマス媒体で、インターネット広告は伸び続けているとの反論もあるだろう。しかし、ネット広告はこの十年間、常に「開発」の渦中にあり、安定したコミュニケーション手法を生み出したとはお世辞にも言えない。

*05　毎年二月に電通によって発表されるこの調査はかつて「広告費の増減は経済動向のバロメータ」と評する言説の根拠を提供していた。しかし、度重なる基準の見直しなどの調査方法の問題もあり、そもそも一事業者が市場を代表してこのような調査をして公正性を保てるのかなどの批判も少なくない。

かつて「広告」は文化の一端を担うものとして見られてきた――果たして今もそうだと言えるだろうか。昨年四月の『広告批評』*06の休刊に際して天野祐吉は、ネット広告のクリエイティブ性の貧しさを憂いていた。表現の冗長さ、感情への訴えかけによって送り手と受け手の関係性を築くこと――伝達される情報内容よりもむしろ、この部分に「広告」の本質があった。だからこそ批評の対象たりえたのだ。

今日の「広告」の混迷は、効率一辺倒の「マーケティング至上主義」の産物である――広告は経済不況の影響を受けているのではなく、〝経済と二人三脚で〟閉塞状況に入り込んでいるのだ。だとするなら、その出口を「広告」が開く可能性もある。

戸惑いながらも「広告」に接近しようとする学生たちと、〝新しい広告賞を作るワークショップ〟をやってみた。人々に「発見」を促し、「話題」を喚起する――「広告」の社会的機能を改めて確認できたように思う。

「広告」は単なる販促手段ではない。情報発信者がその存在を社会の中に位置づけるための極めて洗練された表現形式として、再生されなければならないのだ。

*06 一九七九年創刊。主宰は天野祐吉（初代編集長）、編集人兼発行人は島森路子。CMや広告の批評誌の体裁をとりながらも、その対象は文化・社会一般に広がり、二人は評論家として多くのメディアに登場していた。休刊の理由は「広告がテレビなどマスメディア経由からインターネット経由へ変化していること」。この判断にも彼らの敏感な感性を見ることができる。

⑫「メディア・リテラシー[*07]」の転回　（2010.2）

「リテラシー」とは読み書き能力を指す言葉である。

カルチュラル・スタディーズの創始者のひとり、R・ホガートが『読み書き能力の効用』[02]（一九五七）を書いた頃、そこには明らかに支配的文化に対する抵抗のニュアンスがあった。マスメディアが巨大化の一途にあった時代、「抵抗」はその力を民主的にコントロールするためのカウンター・パワーにほかならなかった。

マスメディアの勢力が衰退し、一方それに代わる新たなメディアにも未来像を描く力が乏しい現代、「リテラシー」はどこに向かおうとしているのだろうか。情報技術の普及に伴い、市民の「読み書き」は、社会動向をキャッチアップする方法に組み込まれ、「抵抗」のニュアンスは激しく脱色されてしまった。そしてさらに〝内容を「正しく」理解する能力〟、単純な〝メディア害悪論〟などの「リテラシー」概念自体の歪曲、保守化も目立ってきた。

民間放送連盟が東京大学の水越伸教授らと二〇〇一年から始めた「メディアリテラシー・プロジェクト」は、その転回点に立つ特筆すべき活動であった。

＊07　かつてテレビ時代は、「メディア・メッセージを主体的に読み解く力」と定義されていたが、ソーシャルメディア時代には、むしろ「活用、発信」にウエイトがおかれるようになり、「コミュニケーションの場における倫理」との境界線も、この記事を書いた時代からさらに曖昧になりつつある。ネット上で起こるさまざまな炎上・フレーミング問題は、新しい教育概念としての「メディア・リテラシー」の枠組みが求められている証でもある。

02　リチャード・ホガート『読み書き能力の効用』（晶文社、一九八六）【読書ノート20】

当時、巨大化の極みにあったマスメディアに単に抵抗するのではなく、双方の距離を批判的に近づけ、送り手も受け手も学び、理解しあう、画期的な「リテラシー」が提案された。

この二月十九日、民放連メディアリテラシー・プロジェクトの〇九年度実践報告会が開催された。

僕も鹿児島テレビでの実践のサポートメンバーとして参加した。今年の雰囲気は、これまで毎年この報告会を見てきた者として、極めて強い危機感を感じるものであった。このプロジェクトが提案し続けてきたコンセプトは、それでもマスメディアが市民に対して相対的に力を持ち続けている限りのものだったのだ。

ここ数年、プロジェクトに応募する局数も、報告会の参加者も極端に減った。「抵抗」から「相互理解」へと転回するはずだった「リテラシー」だが、どうやらその社会的前提自体が崩れ始めている。

鹿児島での実践はもはやメッセージの「読み」を超え、メディアの社会的意義を「書きなおす」活動に見えた。「リテラシー」は、市民とメディアが協働して、その設計図をデザインする能力として考えるべき時代になったのだ。

⑬「コミュニケーション」を考える（2010.3）

昨今、「実社会で良好な人間関係を築くためには、コミュニケーション能力が大事である」という物言いをよく聞く。大学で身につけるべきスキルと言われることも少なくない。

現代の様々なトラブルや事件が人間関係の摩擦から生じていること、あるいは競争社会や実績主義に対する行き詰まり感が、こうしたトレンドの背景にはある。

そうは言っても、これはいったい何をどうする「能力」なのだろうか。

そもそも「コミュニケーション」という言葉が意味するものがよくわからない。ついこの間まで社会学や言語学では、それは観察・分析の対象として「そこにあるもの」だった。ごく自然な行為だったコミュニケーションが、どうして学ばなければ身につかないようなものになってしまったのだろうか。

フランスで一九九〇年代に生まれた「媒介（メディウム）」することとそのものを学問的対象とする研究潮流＝メディオロジーは、意味内容に関わる「情報伝達」と、関係を紡ぐ「コミュニケーション」を明確に区別し、後者が社会を形づくる中において、より基底的に働くことを説いている。

その創始者の一人D・ブーニューは、コミュニケーションの指標性（触れることによって生じる関係の契機）に注目し、かつては規範や制度が、現代では技術がその重要な部分を担っていることを問題にした（『コミュニケーション学講義』[03]二〇一〇年四月刊、水島監訳）。

もちろんその意味は両義的である。テクノロジーによって世界は広がるが、主体性が奪われる危険性は大きくなる――現代社会の問題は、この間で揺れ動く「人間」が生み出しているのだ。そう考えると、「コミュニケーション能力」は、ハウツー的な「技能」とは、異質なものであることがわかる。しいて言えばその振れ幅（自由度）の大きさを理解し、都度与えられた状況の中で可能性を最大限に引き出そうと努力する、再帰的な実践力を指す言葉であるといえよう。

では、そうした能力はどうしたら身につくのだろうか。今、まさにその点において大学の機能が問われているのだと思う。「分析的研究」と「技能修得」の間にぽっかりあいた隙間――これを埋める可能性を拓くものも、コミュニケーション実践の力なのである。

[03] ダニエル・ブーニュー『コミュニケーション学講義―メディオロジーから情報社会へ』（書籍工房早山、二〇一〇）【読書ノート14】

⑭「放送と通信の融合」再考　（2010.4）

二年前、『テレビジョン・クライシス』（せりか書房）を書いた頃、僕は「放送と通信の融合」を安易に言う人々に、はっきりと批判的な態度を示していた。実態が伴わないバズ・ワードの行き過ぎた流通は、まちがいなく言説の「バブル状態」を生み出すからだ。

しかし、このところ僕は少し「前言修正」モードに入りつつある。その理由は、興味深い実態を伴った「融合」事例が徐々に現れ始めたからだ。

その一つが、「デジタル・サイネージ」である。繁華街の街頭ビジョンだけでなく、電車やタクシーなどの交通機関、さらには店頭のサイン、デジタル・フォト・フレームとして、多様な画角の映像モニターが現れている。これまでバラバラに開発され、その用途が考えられてきたこれらの端末が、一つのコンセプトで括られた背景には、ディスプレイの薄型軽量化による大量生産と、ネットワークがある。こうした変化により「デジタル・サイネージ」は、新しい「空間を覆うメディア」としての可能性を担うことになった。

もう一つの興味深い動向が、「スマートフォン」[*08]人気である。その先駆けで

*08　二〇〇七年六月に初代iPhoneがリリースされるが、日本上陸は翌年六月のiPhone3G。Andoroidも約一年遅れで二〇〇八年リリース、〇九年日本上陸。普及が加速するのは、国内全キャリアが扱いを始める二〇一〇年以降。家電店のみならず大学などでもキャンペーンが行なわれた。

あるiPhoneは、それまでのケータイのユーザビリティーを決定的に変化させた。今年になって各社とも競合製品を発売し、市場は活況を呈している。ケータイはいかに進化しようとも、その原点たる「電話」(通信)機能にとらわれ続けてきたように見える。しかし「スマートフォン」はもはやその延長にはない。むしろ多様なアプリが乗った手のひらPCという「見え」と、それを可能にした新しい「操作感覚」が、その画期性を支えている。

こうした動向が示しているのは、テクノロジーの射程が、Webサイト、あるいはPCというフレームを超えて広がりはじめた現実である。その「融合」は、いまやメディア間のパワーゲームを指す言葉に止まらない。その意味の広がりは、技術の主戦場が、伝送路から、インターフェイスに移り、僕たちの行動する身体や、生活世界そのものが、再編の対象になったことを表している。

新しい技術をベースに、僕たちはどのような公共空間をデザインすべきなのか、メディアの理論はそろそろ「批評・批判」から「実践」的な態度に飛躍しなくてはいけない。

⑮ 技術者が描く、テレビの未来（2010.5）

二〇〇三年末の「地デジ・スタート」から六年半。僕たちは、次々と放送の自明性——テレビがあたりまえにある生活観が崩れていくさまを見せつけられてきた。仮に一年後、無事に移行が成し遂げられたとしても、それ以降のテレビが、アナログ時代と同じ地位にあり続ける保証はどこにもない。

放送局の中を取材すると、「あと一年」に対する意識は驚くほど希薄だ。報道、番組担当者は、厳しい経済環境やテレビバッシングの下で、日々制作し続けることで手一杯。「一年後」やその先をイメージする余裕すらない。過去半世紀のテレビの社会的機能に注目し、擁護をしてきた立場からすると、なんとも言えない気持ちになる。

そんな中、ＮＨＫ放送技術研究所が毎年五月に開く「技研公開」を学生たちと見に行った。会場には五十を超える「放送」の要素技術が展示されている。未完成な試みも含め、放送の未来を「技術」がどのようにイメージしているかが、なんとなく摑める。

折しも今年は「技研」開設八十年にあたる。こうした節目は、過去を振り返り将来を展望するいい機会だ。今回とくに興味深かったのは、複雑かつ多様な要素技術が、五、十、二十年後、どのようなサービスに収斂していくかが明示されたことにある。

「ハイブリッド・キャスト[*09]（番組を核にした、コミュニケーション・サービス連携プラットフォーム）」が五年後、「スーパーハイビジョン」の家庭への導入が十年後、特殊な眼鏡がいらない「空間像再生型立体テレビ」が二十年後。そして、これらのヴィジョンをつなぐコンセプトとして「テレビのあるライフスタイルの創造」が提示された——ここには、深い意味がある。

一九六〇年代の、人々のテレビに対する熱狂は、家庭というコミュニケーション空間が用意されていたことと、そこに共同視聴形態が生み出されたことに支えられていた。今日のテレビのプレゼンスの喪失は、こうした共同性の社会的崩壊と深く関係している。

果たして「技術」は我々の共同性の回復に寄与する、新しい視聴空間を創造できるのだろうか——「ライフスタイル」に注目した技研のアプローチは、テレビの社会的機能の再定義に挑戦しようとしたものと評価されよう。

*09 放送と通信の連携を具体的に実装させたサービス。NHK放送技術研究所が開発し、二〇一三年九月に第一世代がスタートした。これまでのデータ放送と違って自由度の高いネット環境を利用して付加情報を提供するメリットや、タブレットをサブモニターとして利用するイメージなど新規性が謳われていたものの、今のところ、ユーザー・インパクトは大きいとは言えない。むしろネット発のサービスが広がって初めて実感できるものになるのかもしれない。

⑯ 歴史を身体で実感する （2010.6）

この連載でも紹介した「横浜文化創造都市スクール（北仲スクール）」で、この春から始めた公開勉強会が面白くなってきた。「アーカイブと映像コンテンツ・プラットフォームの連携」——地域に眠る映像資料の発掘と、新しいデジタル技術の活用に、様々な市民メディア活動を重ね、プロジェクト化していこうというものだ。

夕張の映画祭などの経験から、「記憶」や、メディアに残された「記録」との出会いは、コミュニケーションを促し、「地域活性」に寄与するはずだとの予感はあった。しかし実際に始めてみると、それをはるかに超える発見があった——この「出会い」がエネルギーに変わる瞬間が見えたのだ。

戦前の貴重なフィルムからビデオテープまで様々な映像修復を手がけてきた㈱東京光音の松本一正さん。「社史」という「もうひとつの現代史」の魅力を探求し続けてきた村橋勝子さん。ジュール・ベルヌ『80日間世界一周』に描かれた一八六〇年代の横浜の姿を検証し、実際に歩いた桜井飛鳥さん。勉強会にお招きしたゲストの専門領域は、様々。しかし回を重ねるごとに、そこには一本の糸が見え始めた。それぞれに「歴史」を「実感」する瞬間があったのだ。

カビだらけになった見たこともないサイズのフィルムから遠い過去の映像が浮かび上がる。創業当事者の目を通すことで初めて見えてくる明治の混沌。小説の中に描かれたリアルな風景を、写真や地図に発見する驚き――これらの体験は「いま」を追うことに翻弄され、萎えきっていた僕たちの「時間」に対する感受性を呼び覚ませてくれる。

「歴史」とは、教科書からではなく、むしろこうして「今に生きる」自分との関係を体感しながら学ぶものではないだろうか。

そのためには、具体的な「モノ」「ひと」の存在が欠かせない。こうした出会い一つひとつの驚き、発見、悦びこそがエネルギーとなり、その集積はコミュニティに発展していく。

プロジェクトではさらに多様な「歴史」と出会う機会を重ねていく予定だ。そしてその次の課題は、新しい技術がその集積にどのように寄与しうるかを考えることである。

それもまた僕らの「歴史」を刻む新たな「出会い」になるはずである。

⑰ メディア教育とゼミナール　（2010.7）

文学部広報メディア学科の「ゼミナール」は二〇〇一年の改組以降、旧来の「卒業研究」とは異なる形態を採ってきた。基本的に、研究室で行なう少人数授業ではあるが、半期（セメスター）毎に選択ができる、卒業論文ではなく各々のゼミの課題に取り組む、複数のかけもちができる――といった特徴がある。もちろん必修ではない。

一般的にゼミナールといえば、特定の教員に就いて、その指導の下に卒業論文を仕上げるというスタイルをイメージするだろう。しかし実践的な「送り手教育」を目指す広報メディア学科の場合、一定ボリュームを備えた「論文」を大学四年間の学びのゴールとすることには少々違和感がある。また極めて変化が激しく、混沌とした現実のメディア状況を考えれば、「専門」に閉じて学ぶことは、リスクでもある。

実際この方式は、積極的で貪欲に学ぶ機会や経験を求める学生たちを中心に、様々なスタイルを生んできた。

いくつものゼミを回遊する者、近いテーマを持つゼミを並行して履修する者、オーソドックスに一人の教員にじっくりつく者……。さらに豊富な少人数の実践授業や、プロジェクト活動も相まって広報メディアの研究室はここ数年、ある種「異様」な活気に包まれてきた。

現実的な課題に立ち向かえる、行動力と広い視野を持つ学生を育てる――こうした目標に対しては、一定の成果を上げることができたように思う。

しかし、その一方で彼らをいまのメディア環境の中に送り出すのに、それだけで十分かという思いも生じ始めている。「混沌」は「迷走」を生む。昨今の反省なきマスメディアの姿を考えると、「じっくり考える」力を育てる別のアプローチも必要なのではないだろうか。

この秋、水島ゼミでは、少しだけ方向転換を考えている。ゼミ共通の課題は設けずに、あくまで学生個人、あるいは自主的なグループ研究を「支援」するスタイルで動かしてみようというものだ。

研究室には新しく円形テーブルを三つ入れ、少人数で話し合うための空間を作ってみた。セメスター毎に少しずつ書きためる論文指導方法も試してみようと思っている。

さて、これでどれだけの学生と向き合えるか。広さと深さ、慎重さと大胆さの共存は、どんな場においても難しい。

⑱ 写真と動画をつなぐアーカイブ （2010.8）

表象文化や美学の研究者の多くは、どうも「写真」と「動画」を一緒くたに語ることを嫌う傾向がある。「作品」としての芸術性を評価するならそれもわかる。

しかし、アーカイブすべき対象として見たときには、これらにはそれほどまでに決定的な違いはない。例えばそこに映し出された風景、人物、出来事との関係で観てみよう。複数の写真を重ねたイメージの延長線上には動きが、また動画を微分化し、瞬間として捉えたときには写真的な像が浮かび上がってくる。

メディア論や表象文化研究の可能性を開いたW・ベンヤミンは、間違いなくこの二つの表現の連続性・相補性を意識[04]していた——これらを結ぶもの、それは「世界の痕跡」としての性格である。

映像は、静止していようが動いていようが、空間から切り取られた、あるいは刻印された何かの「断片」である。ベンヤミンの写真／映画論の原点にある、パサージュ、あるいは都市への眼差しは、それらを「icon（類像）」ではなく、

04 ヴァルター・ベンヤミン『複製技術時代の芸術』（晶文社、一九九九）【読書ノート18】

「index（指標）」として現実につなぎとめるパースの記号論の思惑と重なる。

今日の「映画」および「写真」研究の隘路の元凶には、「メディア」とそれを構成する表現との混同がある。

動画は映画という形態を得て初めてメディアになる。その点でいえば、テレビ番組もニコニコ動画も同じだ。同様に写真もそれ自体ではまだメディアになりきれていない。新聞、絵葉書、あるときはアルバムに綴じられて人の手に渡り、初めてメディアになる。写真展も然り。そしてアーカイブは、これら様々なかたちを伴った過去の痕跡を、現在あるいは未来の「メディア」に再編し、よみがえらせる装置となる。

いま僕たちは、昨年の開国一五〇年を機に立ち上がったウェブ・アーカイブ「みんなでつくる横濱写真アルバム」に集められた写真を用いて、オンデマンド放送用の番組を作る実験を行なっている。また夕張では、古いPR映画のシーンを静止画として切り出し、それを現在の風景に重ねて再編集する実践を行なっている。

これらの現場では、写真と動画の間には何の区別もない。われわれの記憶を揺さぶる「痕跡」として編み込まれ、新たな生命が吹き込まれていく可能性が実感できる。

⑲「観光」の軽さ、「旅」の身体性　（2010.9）

北九州四県をまわる出張の帰り、時間がとれたので、かねてから行きたかった大分県国東半島に足を延ばした。レンタカーで別府から四十分。「秘境」のイメージがあった熊野磨崖仏は思いのほか人里近いところにあった。「杖を持っていきなさい」——拝観受付で促されても、その意味は全くわからなかった。

何分坂道を登っただろうか。突如行く手を阻む「鬼が一夜で築いた」乱積の石段。足元に全神経を集中させないと確かに危ない。しばらくして息を整えようと足を止め、木立を仰いだ瞬間「それ」は眼前に現れた。あまりに巨大な大日如来と不動明王。僕は文字通り言葉を失った。

月曜日の午後ということもあり、参道は静寂に包まれていた。よろよろと杖をつきながら降りる途中で、ようやく若いカップルと出会う。彼女は足の辛さを訴え、彼氏は「こんなはずでは……」としどろもどろになっている。石段の上から僕は「もうちょっと、ここまで来て御覧」と声をかけた。苛立っていた二人の顔が少しほころぶ。すれ違ってしばらく、後ろの方から歓声が聞こえた。

なんだか嬉しくなった。

その後僕は、真木大堂、国宝富貴寺といくつかの磨崖仏を巡り、空港に向かった。いずれも素晴らしい文化財であったが、何よりも心に染みたのはそれらの「たたずまい」である。各々の集落に「それ」がある意味。何百年ものあいだここに暮らす人々が、「それ」を愛おしみ、守ってきた現実が、五感を介して僕の胸に迫ってきた。

改めて「旅」の重さを知った。それに対して「観光」という言葉のよそよそしさや軽さはどうだろうか。全国各地に広がる観光地の空々しさは、それらが全て産業的に、単なる「観る」対象に切り詰められていることに因る。近代が生んだ「観ること＝視覚の優位」は、ともするとこうして僕たちの感覚の全体性を、損なわせる方向に働く。

そういいながらも僕は、帰りに一本のＤＶＤを買った。『おおいたデジタル紀行／仏の里国東半島』（大分放送制作）。帰ってから旅を思いつつ「観る」と、そこにはかの「たたずまい」がしっかり描かれていた。

視覚から、他の感覚への広がりは十分刺激されうる――デジタル・メディア表現の課題は、こんなところにもある。

⑳ ネットと社会と俯瞰の欲望 (2010.10)

ツイッターからフェイス・ブックへ——ネットの話題は、この五年で完全に「ソーシャル・メディア」[*10]に埋め尽くされるようになった。

しかし、ブログの流行当初「CGM(コンシューマ・ジェネレーテッド・メディア=消費者自身が創りだすメディア)」と呼ばれていたこのサービス群が、いつのまにか「ソーシャル(社会的・社交的)」の語で括られるようになったことには、正直抵抗を覚える。僕たち旧世代人には、なんだか「社会」がメディアの中に封じ込められてしまったような、窮屈な感じがするのだ。

人が狭い場所を求めるのは、少なからず不安を感じているからだという。それは社会的な秩序の崩壊や、情報爆発といったことと深く結びついているともいえる。

混沌や、不確実性に身をさらすよりも、手の届く安全・安心、確実な居場所を求めるといった現代人の性向に、「ソーシャル・メディア」の仕組みは実にフィットしている。そこでは複雑なコミュニケーションの負荷が縮減され、合理的なプロトコル(手続き)に置き換えられる。このイージーさが何より魅力

*10 「ソーシャル」という言葉の意味には「社会」から「社交」までの振れ幅がある。というより欧米社会は「社交」から「社会」が発達した歴史があることをこの語は示している。その前提のない我が国でウェブ上のコミュニケーションスペースを「あっけらかん」とこの名で呼ぶことに長いこと僕は抵抗があった。映画『ソーシャル・ネットワーク』(デヴィッド・フィンチャー監督、二〇一〇)には、その闇がしっかり描かれている。

なのだ。

しかし、こうしたお手軽経験が積み重ねられていくと、不安に萎縮した心はあっというまに、危険な全能感に反転する。全体を俯瞰する快感——これを一旦手に入れると、ミクロな現実にはなかなか戻れなくなってしまう。

このところ「ソーシャル・メディア」ブームは、「ソーシャル・グラフ」と呼ばれる可視化、あるいはAIマッピング技術に進化する傾向にある。しかしこれだけでは、単に俯瞰の欲望を満足させるだけのおもちゃに止まってしまうような気がする。では、こうした技術を、リアルな世界に活かすためには、何が必要なのだろうか。

十月三十一日、田町の小さなカフェで、「メディアと情報デザイン」の関係を考えるワークショップを開いた。そこで用いたのはゼミの学生が考案した簡単なカードゲーム。次々に提示されるリアルな状況の中で、安易な全体像は壊れ、さまざまにメディアを位置づける言葉が溢れた。

僕たちは、不安から逃れるために、社会をメディアに閉じ込めてはいけない。社会の中に再び、愚直にメディアを埋め込んでいく実践が、いま大事なのだと思う。

㉑ 歴史感覚の麻痺、と抵抗 (2010.11)

僕自身の歳のせいかもしれないが、最近、学生たちの発言に違和感を覚えることが少なくない。その中でも特に「昔は○○だったけど、今は××だ」というフレーズが気になる。

それはさほど過去に思えないことを指している場合もあれば、教科書やドラマで知ったような「遠い時代」のこともある。それらが何の迷いもなく、「昔」という言葉で括られる。なんとも不思議だ。

僕はそうした言葉に出会うと「君が言う昔っていつのこと?」と必ず聞くことにしている。学生たちは「なぜそんなことを聞くの?」というような顔で見返す――「今は今、昔は昔。それで何が悪いの?」と言わんばかりに。

それは、ここ数年続いている「昭和ブーム」のいかがわしさにも通じている。三十年代の高度成長期の、しかもある一面にイメージを集約させることで、戦前からバブル期に至る様々な時代の顔が消去され、口当りのよいノスタルジックな消費対象に加工されている。

最近流行りの「歴女」たちの物言いにも同じ匂いがする。戦国武将をアイドル視するような眼差し——ここにも同様の乱暴さ、傲慢さがある。「今＝現在的」ではないものはすべて「昔＝過去のもの」として視界の外に放逐され、都合のいいものだけがその文脈の範囲で召喚される。歴史もそんなデータベース消費の対象になってしまったようだ。

その背景には間違いなく学校教育の貧困がある。付属高校などでカリキュラムを見せていただくことがあるが、世界史・日本史などの時間、教員数の少なさには唖然とさせられる。限られた時間で知識を詰め込む——歴史＝暗記科目化の傾向は今にはじまった話ではないが、事態はかなり深刻である。

家庭環境の変化も大きい。戦前生まれの親と、三世代同居の中で育ち、世代間の意識差に苦しんだ僕たちと違い、日常生活シーンが歴史感覚を刺激する機会は極めて乏しい。

そんな中で僕はここ数年、推薦などで進学が内定した高校生たちに「親子でテレビを見て話し合いなさい」という課題を出している。

これは学生だけでなく親にとっても新鮮な体験になっているようだ。現代は、同質性を求める気分が充満している「時代」である。ささやかな抵抗ではあるが、その危険に気づく機会になれば、と考えている。

㉒アートとしてのアーカイブ　（2010.12）

横浜、黄金町。かつては「ちょんの間」と呼ばれた売春・風俗店が並ぶアンダーグラウンドな世界がここには広がっていた。二〇〇二年、京浜急行の高架補修工事で、これら特殊飲食店が周辺地域に拡散。それを契機に、地域住民による本格的な浄化運動に火がつく。しかし住民たちはただ「追放」を叫んだだけではない。アーチストたちを誘致し、街を変える積極策に転じたのだ。

二〇〇八年から毎年行なわれるようになった「黄金町バザール」や、新しい高架下スタジオなど様々な施設、アートスポットの進出によって、実際に街は大きく変わった。エリアの取り組みは、一躍「街づくり」のモデルケースとして注目を集めるに至った。

この秋、また一つ新しいプロジェクトが加わった。「黄金町地域資源発掘隊」――大学生たちによる〝Ｗｅｂアーカイブ〟構築を目指すフィールドワークである。

参加学生は、これまで異なる興味関心からこの街に近づいてきた、八大学約二十名（東海大生二名含む）。地元ＮＰＯの若手スタッフがリーダーとなり、街の現在を記録し、過去の記憶を発掘する作業を続けた。僕も学生たちと一緒に街歩きをし、十二月十八日の中間発表では、議論に加わった。

こうしたプロジェクトが行なわれるということは「街の再生」が第二段階に入ったことを意味する。

「街づくり」は一時の再開発では終わらない不断のプロセスであり、「浄化」は決して歴史を消すことではないという大切なことに、ここに住む、あるいは訪れる人々が気づき始めたということではないだろうか。

アーカイブの構築を目指す以上、いくら忌わしい過去であっても、そこから目をそらすことは出来ない。一方、そうした時代の記録は乏しく、人々の封じ込められた記憶に頼らなければならないのも事実。こうした難問に、いま学生たちは立ち向かっている。

この街が「アート」による街づくりを標榜している意味は、ここに発揮される。アートは本来、人の営み全般を指す言葉であった。

すなわち、アートたることを指向するアーカイブには、この街の歴史をあまねく眼差す必要がある。アートは、外部から移植されるものだけに止まってはいけない。その意味でも「街づくり」は新たなステップに踏み出したといえるのだ。

Introduction
思考停止との闘い

三月十一日、その朝は放置犬保護事業の仕事で動物病院に。我が家は先住犬に新しい仔が加わって賑やかになった。BPOの会議日でもあった。前日作った資料に目を通し、十四時四十分頃家を出た。その日に限ってバスを待つこともなく、たまたま通りかかったタクシーに手を挙げた。いつもの反対の「二子玉川駅まで」と運転手に告げた。

運転手が声を上げた。「ハンドルが執られる」と。車窓には家々から飛び出す人の姿が見えた。でも何が起きたのか、僕にはわからなかった。これが僕の「東日本大震災」の初期体験だった。二子玉川の駅についた僕は、雑踏をかき分け、改札に隣接するカフェに入った。そこで僕は、初めて大きな震動（余震）を感じた。振り子のように揺れる照明。どこにも連絡をとれず途方に暮れていると、ワンセグ放送を見ていた客が悲鳴を上げた。津波だった。

おおよそ一週間、僕はまともな精神状態ではなかったと思う。Twitterではかみ合わない議論に傷つき、デマの拡散に手を貸してしまったりもした。「メディア研究者」としての未熟さに苛まれた。早く誰かと会って、話して、自分を取り戻したかった。その中で地デジは完成、アナログ停止の日を迎えた。

九月。市民メディア全国交流集会が、予定通りせんだいメディアテークで開かれることになったとの知らせは「救い」だった。このとき初めて、僕は気仙沼の街を歩いた。「津波が押し流したもの」から「地域とは何か」という問いがリアルになった。ちょうどこの年は北炭夕張新炭鉱ガス突出事故から三十年だった——絶望の淵から、折り返した一年だった。

2011

平成 23 年

1月6日　アップルがMac用のアプリを提供する「Mac App Store」をオープン。アプリのダウンロード数が初日に100万を超える。

1月14日　チュニジアでジャスミン革命が発生。ベン＝アリー大統領はサウジアラビアへ脱出し、23年間の独裁政権が崩壊。

1月20日　中国の同年国内総生産（GDP）が日本を抜き、世界2位となることが確実になる。

1月25日　エジプト各地で、ジャスミン革命に触発された数万人規模の反体制デモが始まる。

1月26日　ITUが世界のインターネット利用者は20億人、携帯電話契約数は50億件を超えたと発表。

2月6日　大相撲八百長問題の影響で、大相撲春場所が、本場所としては65年ぶり2度目の中止。中止は調査完了まで無期限。

2月11日　エジプトのスレイマーン副大統領が国営テレビでムバーラク大統領の辞任を発表し権限を軍最高評議会に委譲。

2月22日　ニュージーランドのクライストチャーチ付近にてマグニチュード6・3の地震が発生。富山県の外国語学校留学生の関係者が多数死亡。

2月26日　ニンテンドー3DS発売。

3月11日　東北地方太平洋岸沖を震源とする、国内観測史上最大のマグニチュード9・0の地震が発生。大規模な津波被害が引き起こされた。

3月11日　同日の地震で福島第一原子力発電所が被害を受け、大規模な原子力事故が発生した。

3月12日　長野県北部地震が発生（長野県北部で最大震度6強）。

3月12日　福島第一原子力発電所1号機の原子炉を覆う建屋が水素爆発、破損し大量の放射性物質が拡散、周辺に避難指示が出される。

3月13日　東京電力は、東日本大震災および福島第一・第二原発事故の発生を受け、一時的に電気の供給をストップさせる計画停電を実施すると発表。

3月31日　NHK・BShiが放送終了。BS1、BS2の標準画質（SD480i）放送終了。

4月7日　東北地方太平洋沖地震の余震と見られるM7・1の地震が発生し、宮城県栗原市・仙台市で最大震度6強を観測。死者6人・重軽傷者230人を出す。

4月11日　東北地方太平洋沖地震の余震と見られるM6・8の地震が発生し、福島県いわき市で最大震度6強を観測。がけ崩れ、家屋の倒壊など被害が発生。

4月15日	JPNICが、APNICの管理する現行のIPアドレス「IPv4」の自由在庫が尽きたことを発表。国内でのIPv4アドレスの通常割り振り終了を宣言。
4月29日	英ウィリアム王子の結婚式。一般家庭出身のケイト・ミドルトンとロンドンのウェストミンスター寺院で行なわれた。
5月2日	国際テロ組織アル・カーイダの最高指導者ウサマ・ビンラディン容疑者がパキスタンのアボッターバードにて殺害されたと報道。
5月9日	中部電力は菅内閣総理大臣からの浜岡原子力発電所の運転中止の要請を受諾。
6月26日-7月17日	ドイツで２０１１ ＦＩＦＡ 女子ワールドカップが開催され、日本女子代表が初優勝を果たした。
7月9日	スーダンの南部が南スーダン共和国として分離独立。
7月24日	東日本大震災で大きな被害を受けた岩手・福島・宮城の3県（被災3県）を除く44都道府県で、地上デジタルテレビ放送へ全面移行。
8月23日	島田紳助が暴力団関係者との交際を理由に芸能界引退を電撃発表し、即日引退。
8月23日	内戦状態に陥っていたリビアで、反体制派陣営による軍が首都トリポリを制圧し、カダフィ政権が事実上の崩壊。
8月26日	菅直人総理が内閣総理大臣と民主党代表の職を辞することを表明。
9月2日	野田佳彦を第95代内閣総理大臣とする野田内閣が発足する。
9月17日	貧困と格差社会の解決を求める運動で、ウォール街の一角の占拠が開始される。
10月5日	元アップル社CEOスティーブ・ジョブズ、膵臓腫瘍の転移による呼吸停止によりパロアルトの自宅で死去。56歳没。
11月27日	大阪市長選挙・大阪府知事選挙が投開票され、市長に橋下徹、知事に松井一郎と、いずれも大阪維新の会の候補者が当選する。
12月10日	脚本家市川森一逝去。
12月18日	年内の完全撤収を予定していたイラク駐留米軍がこの日撤退を完了。
12月31日	指名手配されていたオウム真理教の平田信が午後11時50分頃に警視庁丸の内警察署に出頭。翌1月1日未明に逮捕。

㉓「ひと」がつくる会社 （2011.1）

神奈川県立川崎図書館。ここには約一万四千冊に上る日本一の「社史」のコレクションがある。一月のある日、ここで「日本で一番沢山社史を読んだ人」として有名な社史研究家村橋勝子氏を囲み、学生たちと勉強会を行なった。

「社史」は創業から中興、そして危機を越え、現代の存在の証を自ら語る、いわば〝企業の自画像〟である。「歴史資料」としては客観性に乏しく、扱いも難しい。しかしこれら一冊一冊には、実に個性的な〝カイシャ〟という生き物の息づかいが記録[05]されている。

村橋さんは、まずこれらの「読み物」としての面白さを強調する。

特に創業期のエピソードには、痛快なものが少なくない。会社の歴史はまずは「ひと」の歴史であり、家族や志を共にした仲間の物語なのである。多くの社史が三十、五十年を区切りに書かれているのは、それが企業の世代交代、記憶の伝承を担っているからだ。

社史はまた、ある意味「平等」な書物である。特定の業種に偏らず、規模にも関係なく存在している。要は書きたい会社が書いてきたのだ。それゆえに知

05 村橋勝子『カイシャ意外史―社史が語る仰天創業記』（日本経済新聞出版社、二〇〇八）【読書ノート35】

られざる驚くべき企業との出会いがある。特別な技術を持つことによって小さくても着実に経営してきた魅力的な地域企業など、思わぬ発見がある。

僕がこの勉強会を開いた理由は二つある。一つはアーカイブ研究の延長線上にある、「現代史」を捉えるアプローチとして興味をもった点。しかしむしろ今は、もう一つの理由――社史から学生たちの就職のあり方を再考したいとの思いが膨らんできている。

現在の大学生の就職環境は最悪である。その問題の一つに、学生と企業との「歪んだ出会い」――就職産業の君臨があるように思えてならない。学生たちはただやみくもに競争に煽られ、独占化された就職サイトの情報に受身になるよう仕向けられている。何より悲惨なのは、彼らは「会社」や「働くこと」の意味も知らされないまま、荒波に放り出され、無理やり情報選択をさせられているという現実である。

社史は、人間としてどのように経済社会に向き合うことができるかを教えてくれる。そんなことから、企業社会と学生との関係の再構築を図っていくことができたら――この勉強会は、継続的に開いていくつもりである。

㉔ 炭鉱の記憶に記録を重ねる　（2011.2）

最初は財政再建団体に転落した二〇〇七年の夏だった。それから僕は、何度夕張を訪ねただろう。いつしか町の人たちとも親しくなり、この町の過去、現在、未来について語り合うようになっていた。その媒介となったのが、映像記録アーカイブである。

二〇〇九年から僕は、地元の地域史研究家と二月末の「ゆうばり国際ファンタスティック映画祭」で、古い映像を観る会を開くようになった。過去二年は市民や自治体、炭鉱会社などが撮ったものを主に紹介した。閉山、財政破綻によって「風景を失う」経験を重ねてきた町にとって、映像は人々の記憶を呼び覚ます大事なトリガーになる。

しかしこれら「当事者」の目による記録は、ここに生活してきた人々の内面、心情――炭鉱生活の高揚感や、郷愁――を活き活きと蘇らせてはくれるが、それ以上のものではない。彼らの存在を「他者」の目から捉えた、いわば鏡として機能を欠いているのだ。昨年の映画祭以降、僕たちはそうした映像を重ねていく活動に踏み出した。

昨年九月、学生たち十六人に研究者、それに地元の方々を交えてワークショップを行なった。これまで観てきた夕張の過去の映像に現在の姿を上書きし、新たに記録を残そうというものだ。学生たちはさらに秋、冬と取材を重ね、『夕張はいま……消え続けるまち、生き続けるもの』という約三十分の作品を完成、今年の映画祭で上映した。

拙い作品ではあるが、ここにはまったくの余所者であった学生たちの眼差しを介した二〇一〇年の生々しい夕張の姿があった。数回の訪問を通じて、彼らの距離感が徐々に縮まっていく様子も映し出されていた。こうした活動や、成果としての映像が、「地域再生」を願って奮闘する人々の心との共振関係を生み出したことは間違いない。

くしくも今年は、炭都夕張の歴史に決定的な一撃を加えた「北炭夕張新炭鉱事故」から三十年を迎える。それを機に僕はもう一つ別のアーカイブを開く準備を進めている。それは様々な権利的制約によって、封じ込められた「放送番組」群である。

今回の映画祭では、その一部を「さわり」として上映した。メモリアル・デーは今年の十月。休む間もなく、公開を目指した本格的なチャレンジはじまる。

㉕ 津波は何を押し流したか （2011.3）

「3・11から世界は変わった」といわれる。大きな衝撃との出会いは、認識論的な前提を揺する。しかし同時に「僕たちは抵抗する力を養ってきたはずではないか」という自意識もむくむくと沸きあがってくる。その狭間で苦悶する経験という意味では、今は「9・11」の状況に近いのかもしれない。

僕自身はメディアを研究することの困難をこれほどまでに感じたことはなかった。

テレビもネットも新聞も、毎日フル回転で動き続けた。批判も揶揄も極論もひっくるめて、メディアの社会的機能に関するメタ議論に多くの人が参戦してきた。正直僕は、この状況に翻弄され[*11]、ふらふらになってしまった。

メディアの問題は、その一端にすぎない。おそらく現代社会にアクチャルに関わる研究者はみな、今、同じような経験をしているのではないだろうか。例えばテレビで「今日の原発」を解説する工学者、放射線医療の専門家たちはまさにその代表かもしれない。

平常時、文理を問わず科学に携わる者には、安易な予測や断定を避けるなど

＊11　地震当日の夜、僕はネットのデマ拡散に手を貸してしまった。それは「有害物質が雨となって降る」（千葉県市原市のコスモ石油千葉製油所の火災）というツイートで、その後しばしばこの時のデマの典型として例示されることになる。二〇一七年現在もコスモ石油サイトには当時のドキュメントが残っている。（http://ceh.cosmo-oil.co.jp/information/110312/）

の、いわゆる「誠実さ」が求められてきた。しかし、いまやそれを理由に口を噤んでいる猶予は与えられていない。いかに状況が不安定であっても、ギリギリ可能な先を読む力が求められる。

それでも一ヵ月が経って、僕には徐々に状況を切り開く扉が何か解ってきたような気もする。例えば、今から千年以上前の貞観津波の史料から、どうやって地震規模や被害状況が解析されたのか――こうした取り組みが示唆するものは、学際研究のあり方である。

我々が直面する事態は、二十世紀型の専門家システムが合理性に拘泥し、細分化の一途を辿り、脆弱の極みに達した結果に他ならない。それは企業・大学はじめ、あらゆる社会組織を蝕んでいたのだ。分けるだけでなく、いかにつなぎ、「総合」の次元を獲得するか――それは既に復興のデザインという切実な課題の中で問われ始めている。

我々が躊躇している間にも、ツイッターやYouTube上では、デマから箴言まで、さまざまな見解が交錯し続けている。専門家システムの組み換えは待ったなしだ。

どこかのアナクロな権威者の妄言とは対極の意味で、この災害を機に、改めるべきことの本質を見極めねばならないことは確かである。

㉖被災支援連携のひとつのかたち　（2011.4）

四月二十二日、学習院大学で被災支援を考えるひとつの集会が開かれた。主催者は〝save MLAK〟。震災直後、ネット上に生まれたコミュニティである。

MLAKとは四つの社会教育施設の頭文字（M＝museum：博物館・美術館、L＝library：図書館、A＝archives：文書館、K＝公民館）。被災地の各施設の情報を集約し、相互に連携して復旧や支援策、機能補完に積極的に踏み出そうという活動だ。

きっかけはリーダーとなった岡本真のツイッターでのつぶやきであった。「ライブラリーサービスはいまなにができるか考えようぜ」（三月十一日）――翌日から、ウィキ（wiki＝Web文書の共同編集プログラム）を用いたサイト〝savelibrary〟〝savemuseum〟が立ち上がる。

〝savearchives〟が翌日に開設され、十六日には公民館も加わって、連携を模索するスカイプ（ネット通話システム）会議が開催される。震災から一ヵ月後の四月十一日には〝save MLAK〟活動開始が宣言された。

驚くべきは、そのスピードである。もちろん被災地の現実は「待ったなし」

で、その危機感に背中を押されたこともあろう。しかしメディアを介して伝えられる悲惨な状況に、多くの人々が身を固くして思考停止に陥る中、彼らが思いを俊敏に行動に移せた背景には、若い世代特有の「情報技術」との感覚的な近さがあったことは確かだ。

これまで縦割り行政と、閉じた文化によって、隣接する機能を持ちながらもネットワークを築くことのなかったこれらの機関が、コミュニケーションを開始したということ自体が大きな一歩である。

特に保全、レスキューといった当面の問題だけでなく、史料や美術工芸品を超えた幅広い生活文化財への眼差し、被災地行政の負担の軽減のためにどんな情報サービスが可能かといった論点は、おそらく平時には思いもよらなかったことであろう。

現在は「ともかく、できることから」という段階ではある。しかし本当の課題は、彼らのような「専門性をもった個人」が動かなければ見えてこないものばかりだ。このムーブメントは、もしかすると「社会教育」という概念自体を書き換える流れになるのかもしれない。なんだか「新しい社会」が始まる兆しが、少しだけ見えた気がした。

㉗「いのち」への向き合い方　（2011.5）

五月、僕自身が編集に携わっていた本がようやく出来た。『いのちとからだのコミュニケーション　医療と記号学の対話』（慶應義塾大学出版会、日本記号学会編・新記号論叢書6）――二年前の五月、東海大学医学部で開催した同学会のシンポジウムの議論を元に論考を集めたものだ。

本になるまでに思わぬ時間がかかったのは「諸般の事情」というやつである。しかしそのことで、最終校正はこの巨大な複合災害の最中に行なわれることになった。

「いのち」「からだ」といった言葉が、日常の中では忘却されていること。それが医療におけるコミュニケーションの非対称性を生む。そこにどう切り込むか――このシンポジウムの主題はそこにあった。しかし今、その前提は全く反転してしまった。

「あとがき」に僕は、こう書かずにはいられなかった――いまや私たちにとって「生」をつなぐこと、他者の「死」を想うこと、そしてそれらを社会的にどう編んでいくかは、逃れることのできないアクチャルな問題になった――。

「いのち」は、集合的に捉えることが極めて困難な概念である。

一向に終息しない原発事故は、特にそのことを我々に問いかけている。例えば文部科学省が四月に提示して以来物議を醸している福島県内の校庭利用基準。年間二〇ミリシーベルトが許容可能か否かは、まさにこのアポリアの典型例である。

社会的合意を形成しようとする際に、このように統計学的妥当性を持ちだすことはよくある話である。しかし問題が生死に関わる場合は、「誤差の範囲」というエクスキューズは通用しない。そこにも無視しえない、かけがえのない「いのち」が存在するからだ。

医療の現場でも、患者や家族への説明の場面で、確率論はよく用いられる。しかしそれが可能なのは、対等に向き合った時、一人ひとりの受け手にその解釈が委ねられた時にかぎる。社会に、広範かつ一方的に発信される情報の中では、人々は「いのちの数」に、敏感に暴力のにおいを嗅ぎつける。

今回の報道も、ある時点から、犠牲者の数を、積極的に口にすることがなくなった。しかしだからといって「いのち」と社会の向き合いから我々は逃げることはできない。まだまだ答え探しの日々は続きそうである。

㉘ 箱というメディア （2011.6）

三年ほど前から、僕は授業でパワーポイントをつかうのをやめた。いろいろ理由はあるが、基本的に授業はプレゼンテーションではなく、コミュニケーションだと考えるようになったからだ。平面性は、送り手と受け手という権威的で非対称な関係を生み出す。それを覆すには、媒介となるもののデザインをなんとかするのが一番だ。

「箱」をつかったワークショップを思いついたのは、昨年の秋。早速メディアリテラシーの研究集団（メル・プラッツ）の仲間である、札幌大谷大学短期大学部の宮田雅子さんに相談し、メディア実践者や研究者が成果を紹介し合い交流を図るためのツールをつくった。それが「ショーケース」（段ボールのアタッシェケース）である。

ワークショップは横浜の北仲スクールで六月末の日曜に開催した。北は青森、南は鹿児島から十九個の「箱」が集まり、のべ約百名がわいわいがやがやとやってくれた。防災を学ぶカードゲーム、放送局のメディアリテラシー実践、写真アーカイブ、夕張や横浜黄金町で学生たちが行なったフィールドワークなど、興味深い展示の数々にフロアは大変な熱気につつまれた。

モノのデザインの意味は、使ってみて初めて実感できる。「広げる」「覗き見る」「仕切る」「持ち運ぶ」——これらの「箱」に備わった機能は、自らの行為を分節し、向き合う者との相互干渉を促す。

実はよく考えてみれば、アナログ、デジタルを問わず、インタラクティブなメディアは、この機能を皆持っている。話題のソーシャルメディアも、多くが構造的にこれらの機能を満たす立体感を備えている。

今から十二年も前、建築家の横山正さんが書いた『箱という劇場』[06]という本をこの機会に読み返して驚いた。「箱のなかには、さまざまな過去および現在、あるいは未来の時間の投影がふくまれる」（P82）

そうか、インタラクションは、空間が時間を媒介することによって成り立つのか。なるほどワークショップでは皆、「箱」を介して経験を語り、次の一歩を踏み出すヒントを得ようとしていたわけだ。

そう言えば、教室もこうした「奥行き」をもつ「箱」の一つだ。もちろん教壇に釘づけになっていては、ただの一方向メディアにすぎないが。

06 横山正『箱という劇場』（王国社、一九八九）【読書ガイド37】

㉙ その日の静けさの理由　（2011.7）

おそらく歴史的転換点とは、こうして静かに刻まれるものなのかもしれない。最後までアナログ停波の周知と対応に追われた関係者以外にとっては、おそらく七月二十四日は、ごく普通の日曜日でしかなかっただろう。

嬉々としてカウントダウンをしていたバラエティ番組も、正午過ぎには、何ごともなかったかのようにいつものおしゃべりに戻っていた。この機会に、テレビ時代の出来事を振り返ろうとした番組もあった。しかし、今起こりつつあることが何かについては、不思議なほど心に残る言葉がなかった。

「これまで、テレビを見てくれてありがとう」「これからもよろしく」……移行開始から七年半の時間を費やしながら、アナログ放送はついに自分が何者かを語らないまま消えてしまった。

「テレビとは、水道のようなものだ」と言った人がいた。蛇口を捻れば水が出る。この楽チンさが当たり前になってしまった瞬間、その水がどこから運ばれて来るのか、どうやって安全が保たれているのかに無頓着になる。

ちなみに今、最も、その無意識の罪を問われているのが電力である。かつてこれほどまでに、それが何によって生み出されるべきかについて、議論がなされたことがあっただろうか。

仮に、見た目すぐには変わらなかったにしても、番組を送り出す技術が根こそぎ入れ替わったのだ。それを受け入れ続ける我々の感性は、確実に変化していくはずだ。いや実はもうすっかり変ってしまったのかもしれない。この静けさが、社会全体のデジタル化完了の証なのだとしたら。

僕たちの研究室は、急遽、この沈黙の向こうにある声を聞くべく、停波直前の実態調査を行なった。

地上デジタル放送に移行しなければならない理由について、「知らない」がなんと五一・六％。移行そのものについて、「時代の流れで、仕方がない」が最も高く四三・六％。

この結果から僕たちは、アナログ放送がなぜ何も語らないまま役目を終え、去っていくかを、おおよそ読み取ることができる。

生身の人々の声を集めて一つの社会を築くインフラ、すなわち「公共圏」としてアナログ放送はなぜ機能することができなかったのか。その検証なしに、次の時代に進むことはできない。

㉚ テレビの社会性を学ぶ　（2011.8）

鹿児島テレビで行なわれているメディア・リテラシー実践プロジェクト「KTS夏休みテレビジャック」にアドバイザーとして参加して三年になる。今年も七月二十九日から八月五日までの一週間、鹿児島県内各地から中高校生が集まり、番組づくりに汗を流した。

「メディア・リテラシー」は、メディアの読み書き能力と訳すことができる。かつてマスメディアが圧倒的なパワーを誇っていた時代には、どちらかといえば「読み解き」に重きが置かれ、送り手の権力性への抵抗の論理として位置づけられてきた。しかしネットやデジタルビデオが普及し、誰もが情報表現や発信ができる時代になって、その意味は大きく転換したといえる。

本来「読み書き能力」には、社会参加を広げる可能性が刻み込まれている。一部の人間だけが、コミュニケーションチャネルにアクセスできた時代とは異なり、現代のメディア・リテラシーでは「読み」よりも「書き」の効果が注目されつつある。それは、この新しい環境そのもののデザインを担う主体性が、表現行為から育まれるからだ。

鹿児島テレビのプログラムは、実に濃密だ。子どもたちはあっという間に機材操作を身につけてしまう。むしろ困難はそこから始まる。

今年の番組づくりのテーマは「○○の夏」。この課題を前に、自分たちの知識、経験、発想の乏しさに悩み、苦しみ始める。わずか三分の番組ながら、構成がイメージできない。発すべきメッセージが見つからない。取材先が決まらない――現実はうまくいかないことだらけだ。

しかし、子どもたちを救ってくれるのもこの「現実」である。出会うことがらの一つひとつがヒントを与えてくれる。そこから彼らは、仲間と話し合うこと、他者を信頼すること、言葉に丁寧に向き合うことを身につけていく。そしてこのプロセスは「社会の成り立ち」そのものであることを学んでいく。

モニターの向こう側の世界は、決して何かを隠匿するような「テレビの裏側」などではない。僕たちが参加可能な開かれた社会の一部なのだ。このことを体験を通じて知ることの意義は大きい。

さらに何より嬉しいのは、子どもたちにガチンコで向き合うプロの姿だ。この世代を超えた「学びあい」にこそ、未来のテレビの可能性が見える。

㉛ 震災と市民メディア（2011.9）

一時は中止と告知されていた仙台での「市民メディア全国交流集会[*12]」が、関係者の努力によって、九月二十四日に開催された。震災をテーマに掲げたこの〈番外編〉には、全国から百五十人もの研究者や実践者が集まった。

多くの方々が犠牲となり、いまだ復興にほど遠い地域を残した東北の現実を考えると、胸が締めつけられる思いである。

しかし確実に「希望の光」は差し込みつつある。少なくともここに集った人々の表情と言葉には、この半年間、困難に正面から向き合ったことが刻んだ、確信が感じられた。

災害臨時コミュニティFM局の奮闘（山元町「りんごラジオ」）、聴覚障がい者のための遠隔通訳（(株）プラスヴォイス）、フェイスブックによる支援者連携（復興応援サイト「ねまる」）、中国に向けた復興情報発信（東北大学生・福長悠さん）。いずれの報告も、メディアが我々の手元にあることの意味を考えさせてくれた。

市民メディアでは、自らが発信した情報が近しい人を動かし、それ自体がイ

*12　二〇〇四年一月、名古屋市の「市民とメディア研究会・あくせす」の有志が市民メディア関連団体に呼びかけて連絡協議会（のちの市民メディア全国交流協議会（J-CAM））を結成。年に一度、ケーブルテレビ、コミュニティFM、インターネットメディアなどの「手の届くメディア活動」に取り組む人々の交流のために「メディフェス」を北海道から沖縄まで全国で開催してきた。二〇一七年度は平塚で開催（予定）。

ノベーティブなネットワークを形成するエンジンになる。この「再帰性」こそが、マスメディアとの機能的な棲み分けの核心だ。なぜ彼らが〝社会が壊れかけたとき〟に力を発揮できるか。その答えもここにある。

二〇〇三年、この「市民メディア全国交流集会」が立ち上がったとき、まだ多くの人々はその力に半信半疑だった。マスメディアのオルタナティブであることの意味を、抵抗や批判にしか見いだせない未熟さを、僕自身も感じて悶々としていた。

しかし今は違う。それは今回基調講演を務めたNHK仙台局・津田喜章アナウンサーの言葉にも明快に表れていた。

マスメディアが自らの限界を感じて「こちら」を見ている。そうであるなら、市民メディアの側も「そちら」を見なくてはいけないだろう。身近なつながりからこそ見える新しい世界がある。

震災は、皮肉なことに我々と社会を近づける機会を与えてくれた。さまざまなメディアが互いの機能を認め、補完しあう仕組みを編む必要に目覚めさせてくれたのだ。これは「夢」ではなく「希望」であるとあえて言いたい。なぜなら向き合うべき厳しい現実は、これからも果てしなく続くからだ。

㉜「地域」を学びあう　(2011.10)

　十月の最後の土日、僕も運営に携わる横浜北仲スクールに、信州・上田市から老若男女がバスを仕立ててやってきた。長野大学企業情報学部の前川道博准教授、上田市博物館協議会会長の阿部勇さんら二十名。「蚕都上田」を掲げて地域振興に取り組む人々だ。

「日本シルクロード学びあい講座」と題したこのプログラムは、近代日本黎明期を支えた「生糸」の道を辿り、そこから「地域」の問題を考えようというもの。横浜からも上田に縁ある人々や、街づくりを学ぶ学生たちが参加。まさに地域と歴史を結ぶ集いとなった。

　意外かもしれないが、上田は横浜の歴史と深いつながりをもつ。「生糸」はなんと昭和十六年まで、横浜港からの輸出品目のナンバーワンだったという。もともと農家の副業として東日本一帯に広がっていた養蚕文化を近代化し、基幹産業として育てた拠点が信州上田。今でも信州大学繊維学部や街のそここにその面影を見ることができる。

　横浜の貿易の礎をつくった中居屋重兵衛を筆頭に、亀屋の原善三郎（原三渓の祖父)、野澤屋(後の横浜松坂屋)の茂木惣兵衛ら横浜商人の財源をなした生糸の輸出一号は、上田発の品だという。

かつては上田町という町名もあったようだ。関東大震災後、原三渓によって一大輸出基地として計画されたのが帝蚕倉庫。北仲スクールがこの歴史的建造物を使用しているのも奇縁だ。

しかし、両市が「学びあう」意義は、単にこうした縁を確認しあうことに止まらない。この講座は、デジタルメディアが支える「街歩き」を軸にデザインされたコミュニケーション実践なのだ。歴史を知識としてでなく、我々人間の生態系を織りなす「相/層」として感じること。すると産業と地域の関係も有機的な循環として浮かび上がる。

横浜が港都というファサードを掲げてこれた背景に、上田をはじめとする供給源との関係があったことを知る意味は大きい。横浜は横浜だけでは成立しえない一方で、横浜自身も安定した生態系を成す必要がある。これはともすると「かたち」を整えることに躍起になってきた「街づくり」に風穴を開けるアプローチになるかもしれない。

来月、今度は横浜から上田に乗り込む。「地域」が「地域」として成立する秘密が、見えてくることを期待して。

㉝ テレビを見ることの社会性　（2011.11）

東海大学には十四の付属高校がある。我々が教える文学部広報メディア学科にもそこから多くの推薦入学者がやってくる。

内部進学者が一定割合を占める環境では、高大連携教育は極めてリアルな課題となる。特に最近は、夏には大半の内定者が決定する。そうなると高校三年の後半は、大学の初年度教育の前倒しといった色合いが濃くなる。

僕はこの状況を積極的に捉え、大学で学ぶことの意味を考えてもらうチャンスにしたいと考えている。今の高校生たちは概して幼く、「自分」に閉じ、あっぷあっぷしている。その袋小路から脱し、知的関心を外に向け、意識の社会化を図る機会を与えたい——そんな発想から三年前に始めたのが、研究課題「家族でテレビを見ること」だ。

普段、一人で見ることが多くなったテレビ。さらに最近では、若い世代のテレビ離れが急速に進んでいるというデータもある。ケータイやゲーム、デジタルミュージックプレイヤーなど孤独になれるガジェットに囲まれて暮らす彼らにとって、テレビは空気のようであり、また時に「うざいメディア」の一つになりつつあるのかもしれない。

かつてテレビは「お茶の間」という空間を設定し、家族をプライベートとパブリックの中間項として機能させようとした。そのアプローチがあったからこそテレビは半世紀以上もメディアの主役として君臨できた。

そして今、その地位から徐々に引きずり下ろされようとしている。その現在進行形の社会変化を捉えるまなざしを、「テレビ番組」について「家族」で話し合うことから獲得していこうという試みである。

高校生たちは、テレビ批評を通じて、家族の自明性をはぎ取られる。そしてそこから社会システムとして設定された家族とテレビの関係に気がつく。それだけではない。彼らは「世代」間の意識差に驚き、その背景にある生活環境の違いを発見する。それは近現代史を捉える感性を育むことにつながる――もちろん「うまく行けば」である。

この実践は、単に高校生たちの教育のためだけでなく、テレビの社会的機能を検証する実験でもある。そこに参加することで彼らは「研究者」という人種と出会う。それも彼らの意識の社会化＝大人になる過程において、重要な体験になると僕は考えている。

㉞ テレビとは何かという問い　（2011.12）

十二月十日、脚本家の市川森一さんが亡くなった。享年七十歳。若すぎる死だ。まだ頭には新しい作品の構想が多々あったと聞く。残念でならない。

僕と市川さんのお付き合いは、わずか数年に過ぎない。二〇〇八年からBPO放送倫理検証委員会で同席させていただいていたが、翌年、市川さんが心血を注いだ日本放送作家協会五十周年シンポの司会を務めたことから、親しく話をさせていただくようになった。

市川さんといえば『ウルトラセブン』であり『傷だらけの天使』であり『淋しいのはお前だけじゃない』である。

そのラインナップは、ともすれば固まろうとするテレビドラマに「これでいいのか」「別の可能性はないのか」と問いを投げかけ続けた軌跡だ。『黄金の日日』『山河燃ゆ』――その挑戦は大河ドラマをも揺るがした。

その市川さんが、晩年特に力を入れたのが「脚本アーカイブ」の構築である。現在に刺激を与え続けるためには「記録」が必要だ。市川さんはアーカイブの意味をよくご存じだった――と評するのもおこがましいほど、僕はその熱意に影響を受けた一人であった。

影響を受けたといえば、ＢＰＯ放送倫理検証委員会の生みの親の一人である村木良彦さんのことも思い出す。村木さんが亡くなられた欠員に、僕が入ったのも奇縁である。彼もまた最後まで「テレビとは何か」「テレビに何ができるのか」を問い続けた人生だった。

確かに技術的進化に即した新しい試みは、今日もないではない。しかしメッセージという点でいえば、どうも批判を怖れ、無難な表現を選ぼうとする傾向が強いように思う。市川さんも村木さんも、現代のテレビに言いたいことは沢山あったのではないだろうか。

村木さんが、萩元晴彦さん、今野勉さんと書いた『お前はただの現在にすぎない』を授業で読んだ。テレビ黎明期の制作者たちの心情に、学生たちがどれだけリアリティを持つことができたかはわからない。しかし、リアリティの意味が全く変わってしまった現代だからこそ、彼らの仕事を「現在進行形」で理解する必要が僕たちにはある。

二十一日の葬儀、森を模した祭壇の中で、市川さんの優しい笑顔は、「悲観するな、挑戦し続けろ」と言ってくださっているように思えた。

Introduction

映像とアーカイブの海へ

震災後、「記録」の大切さを痛感した僕は、ＮＨＫアーカイブス学術トライアル研究採択をきっかけに、アーカイブ研究に没頭していった。

ＮＨＫや民放各局も、映像資料によって「被災」を対象化する試みを始めていた。前年二〇一一年年末の「報道の日」（ＴＢＳ）は、視聴者が録った映像を用いた意欲的な番組であった。四月の二本松市での『新日本紀行』の上映会も、アーカイブの可能性を感じさせてくれた。

映像は、人々の「想像力」を喚起する。夕張で出会った「パテ・ベビー（一九三〇年代に流行した、アマチュア映像システム）」研究も、全国への広がりが見え、進み始めた。地域に遍在する「小さなアーカイブ」をつなげていく構想も芽生えはじめた。

六月にはエリア・ワンセグ放送を用いて横浜で防災実験を行なった。生まれて初めて「ニコニコ生放送」にも出演した。十月にはGoogle+を用いて遠隔授業を試みた。パブリック・ビューイングやハイブリッド・キャストなど、映像はマスメディアの殻を破って、多様な存在様態を表すようになり、「認識」はデジタルの力を借りて開かれていった。

その一方で、現実の閉塞感はどんどん増していた。民主党政権の崩壊、まさかの安倍晋三復活。人々は彼の「日本を取り戻す」スローガンにすがった。この急転直下のバックラッシュに、ジャーナリズムの機能不全が畳みかける。この両極端に引き裂かれるような思いのなかで、どうやって希望をつないでいくべきか。学生と一緒に、南へ北へ、動く日々が続いた。

2012

平成 24 年

1月31日　旭川地方裁判所、NHKが受信料滞納の契約者に支払いを求めた訴訟の控訴審で、1審判決を変更、5年を過ぎた分は時効で請求できないとする判決。

2月10日　パナソニック、VHS方式の家庭用ビデオテープレコーダの生産を終了。

2月10日　復興庁が発足。

2月20日　関西電力が福井県のすべての原子力発電所（11基）の操業を停止。

2月21日　イエメンで暫定大統領選挙（任期2年）が施行され、中東での「アラブの春」で退陣した国家指導者は4人目となった。

2月23日　福島県、福島市の2次避難所を閉鎖、東日本大震災の被災3県の全避難所が閉鎖される。

3月4日　ロシア大統領選挙。第1回投票でウラジーミル・プーチン候補が6割を越える得票で当選。任期は2018年までの6年間。

3月11日　国立劇場で政府主催の「東日本大震災一周年追悼式」が行なわれ、天皇・皇后・首相等が出席。

3月31日　NTTドコモPDCによる携帯電話サービスmova終了。

3月31日　東日本大震災の影響で8ヵ月間延長されていた、岩手県・宮城県・福島県の地上アナログ放送が終了し、全国で完全デジタル化。

4月1日　ミャンマー議会補欠選挙が実施され、国民民主連盟（NLD）はアウンサンスーチーを含む44人の候補者を擁立、同氏含む40人が当選。

4月11日　金正恩が朝鮮労働党の第一書記に就任。また、2日後の13日には国防委員会第一委員長にも就任。

4月19日　福島第一原子力発電所の1～4号機が正式に廃炉。日本の原発は54基から50基に。

4月26日　渋谷駅東口に複合商業施設「渋谷ヒカリエ」開業。

4月26日　東京地裁が、資金管理団体「陸山会」の土地購入疑惑事件で政治資金規正法違反の罪に問われた民主党の小沢一郎元代表に対し無罪判決。

5月5日　北海道電力泊発電所が運転停止、1970年以来42年ぶりに日本の全ての原子力発電所50基が稼働停止となる。

5月6日　フランス大統領選挙の決選投票が実施された。財政緊縮路線に異を唱えるオランドが現職のサルコジに勝利した。

5月15日　沖縄県本土復帰40年記念式典。

5月20日　北太平洋上を中心に、中国、日本、アメリカなどで金環日食を観測。

5月22日　東京都墨田区に自立電波塔の高さとして世界一の東京スカイツリーが開業した。

6月3日　オウム真理教事件の逃走犯の1人である菊地直子容疑者逮捕。同月15日には最後の特別手配犯であった高橋克也も逮捕。

6月16日　政府が大飯原子力発電所3・4号機の再稼働を決定。

6月26日　消費税を2014年4月1日から8%、2015年10月から10%に引き上げる消費税法改正案が衆議院本会議で可決、民主党議員73人が造反。

7月2日　民主党元代表・小沢一郎以下衆議院議員37人、参議院議員12人が離党届を提出。

7月23日　米軍の新型輸送機オスプレイが岩国基地に到着。

7月27日-8月12日　第30回夏季オリンピック・ロンドン大会開催。

8月10日　韓国の李明博大統領が日韓両国が領有権を主張する竹島に上陸。

9月26日　自由民主党総裁選挙で、安倍晋三が逆転当選、5年ぶりの返り咲きで第25代総裁に選出される。

10月8日　ノーベル生理学・医学賞を京都大学山中伸弥教授が受賞。

10月12日　ノーベル平和賞にEU欧州連合が選ばれた。

10月26日　マイクロソフトのOS「Microsoft Windows8」発売。

11月6日　アメリカ大統領選挙、バラク・オバマ大統領（民主党）の再選が決まるも、議会選挙で下院は民主が過半数割れとなり、ねじれ現象が続く。

11月15日　第18回中国共産党大会閉幕翌日に開催された第18期中央委員会第1回総会で胡錦濤党総書記・中軍委主席の後継として習近平が選出される。

12月16日　第46回衆議院議員総選挙。自由民主党が単独で絶対安定多数（269議席）を確保する大勝。民主党は現役閣僚8人が落選するなど、壊滅的な大敗。

12月16日　東京都知事選挙投票日。石原慎太郎前都知事の後継者である猪瀬直樹が大差で初当選。

12月19日　韓国大統領選挙で与党・セヌリ党の朴槿恵が勝利。

㉟小さな小さな放送局　（2011.12-2012.1）

十二月二十八日、ようやく僕たちの小さな小さな放送局から電波が放たれた。カレッジ・ワンセグ放送局――地デジ移行後の空き帯域（ホワイトスペース）を用いた次世代メディアの実験開始である。

北仲スクール（横浜文化創造都市スクール）でメディアを介した街づくり授業を行なう僕に、テレビ神奈川が持ちかけてくださったのが昨年三月。首を長くして待っていた免許だ。

多くのホワイトスペース特区プロジェクトが特定域内、施設内のイントラシステムを構想しているのに対し、僕たちははじめから地域に開かれたメディアを志向していた。それが難産の原因になったかどうかは知らないが、なかなか扉は開かれなかった。でもその間に僕たちは、この未知なるメディアの可能性を十分に考えることができた。

アンテナは、みなとみらいから桜木町方面に向いた窓に設置。出力はわずか一〇ミリワット――半径五百メートルほどが受信エリアである。果たしてこんなに小さな空間に電波を飛ばして何ができるのだろうか。でもその不安は、全国放送を前提にした、巨大放送システムのイメージに縛られたものだったと、じきに僕たちは、気がついた。

電波は生き物だ。免許取得前、微弱電波で実験をした日のことだ。十数センチのアンテナから発せられた「見えない電波」を小さなモニターが感受し、画像が映った瞬間、教室には『三丁目の夕日』の店先と同じ歓声が上がった。そのとき僕たちは確信した。電波は人の心をつなぐことができると。

エリア・ワンセグ放送[*13]は、何重もの意味で受信者と発信者の距離を近づけるメディアである。簡易な送信設備は、イベントに合わせて持ち出すことができる。小さな画角には作り込んだ「作品」よりも気軽なメッセージ・ビデオがよく似合う。ネットやサイネージにもシームレスにつながり、情報は行動を促すトリガーになる。もちろん防災や緊急情報の配信にも向いている。

もとより極小エリアのメディアである。わざわざそこで送り手と受け手を分けること自体がナンセンスだ。不特定の「みなさん」ではなく、具体的な「あの人」と「この人」を結ぶ仕組みを作りたい。

六月の実験終了まで、小さな小さな公共圏を積み上げていく、僕たちの「手づくり」の挑戦は続く。

*13 二〇一二年、地上デジタル放送に割り当てられたUHF帯のホワイトスペースを活用して周波数が割り当てられ、テレビ局の放送とは別に限定された狭い範囲を対象として映像やデータを配信するサービスが構想された。しかしその後、スマートフォン技術の進展とワンセグ放送ユーザーの停滞で、ホワイトスペース活用計画の中ではすっかりプライオリティが下げられてしまった。

㊱ 津波が押し流したもの　（2012.2）

東日本大震災から一年。あらゆる人にとってそれは、それまでの生き方を考え直す節目になったことは確かだ。

いまだに原発は「現在進行形」だ。津波被災地の多くも「復興」を語れるまでには、まだ相当かかりそうだ。政治や行政の混乱も目立った。メディアは、残念ながらその深刻さを上書きすることしかできなかったように思う。

僕自身は、ただひたすら無力だった。そんな僕にも平等に時間は経過する。やっと重い腰を上げて考えはじめたのは、アーカイブのことだった。多くの団体がこの震災そのものや、以降の事態の推移を記録に残す活動に着手している。それに対して僕は〝それ以前〟の街を記録した映像を探し求めた。

NHKアーカイブスの学術利用トライアル研究に応募したのが六月。以来、埼玉県川口のアーカイブスに通いつめた。ここには約七十万本の膨大な番組資産がある。その記録の山に期待しつつ、秋以降、約半年格闘し続けた。

結果は残念なものだった。放送映像はもっぱら「出来事」と「人物」に焦点化し、ナショナルな文脈に絡めとられ、そこに「地域のリアル」が映し出されているケースは稀であった。

その中で出会った数少ない秀作が、第三十六回放送文化基金賞を受賞したドキュメンタリー『嵐の気仙沼』（二〇〇九年十月）だった。

台風が来ると気仙沼は「特別な一日」を迎える。普段の十倍の漁船が嵐を避けて寄港し、たった一日だけ、かつての東洋一の港町の活気がよみがえる――コミカルな編集の背後に、この街を巡るさまざまな人々の「こころ」が映し出された作品だ。

そして昨年九月、ここに登場した人々の「震災後」を追った番組が放送された。『がれきを踏みしめて』である。映像の主題はまさに「亡失」そのものであった。カメラは宙を彷徨う人々の視線ばかりを追いかけていた。

「津波が押し流したものとは何か」――この二つ作品の対照の中に、僕はようやくその手がかりを見出し始めた。それは「日常」という言葉が指し示すものの、存在論的な深みと脆さである。放送がそれを残せなかったことこそ、見直されるべき僕たちの生き方であり、戦後社会の問題だったのではないか。

津波が消し去った「過去の日常」。その発掘作業[*14]は始まったばかりである。

＊14　その先駆けとなった番組が『報道の日』である。東日本大震災が起こった年の十二月二十五日、TBSは異例の十五時間枠四部構成による報道スペシャル番組を敢行した。特に第三部（十四時二十五分〜十九時二十五分）は、発災時間に合わせ、報道カメラと視聴者が撮影した映像を重ね、「何が起きていたか」を検証する特筆すべき取り組みで「報道のTBSの底力」を見た。以降、この年末の報道特番は二〇一六年まで（時間は短縮されたが）続いている。

㊲ 人と映像との出会いの記憶　（2012.3）

戦前、一九三〇年代の日本には、愛好者たちの草の根の活動が生み出した、全国規模の「イメージの文化」があった。「くみりはん」の愛称で呼ばれたパテ・ベビー（Pathe Baby）、すなわち九・五㎜フィルム小型映画の流行である。愛好者たちはクラブを作り、自作映画を上映し、コンテストを行ない、雑誌を発行した。一九二〇年代中盤の輸入に始まるわずか十数年の歴史には、市井の人々と最新の記録技術の等身大の交わりが紡ぎ出す「小さな歴史＝物語」が映し出されている。それは僕たちが「戦前」に思い浮かべるナショナルな言説の勃興とは、対極にあるムーブメントである。

二〇一二年三月十七日。同時代（一九二六年）建造の旧帝蚕倉庫（横浜・北仲スクール）の空間でその映像は息を吹き返した。「遍在する残像」（大正イマジュリィ学会シンポジウム）と銘打ったこの企画は五年前、僕が夕張で初めてこの不思議なフィルム（真ん中にパーフォレーション＝フィルムを送る穴が空いている）に出会って以来、資料を集め、温めてきたものだった。

不思議だったのは、その形状だけではない。マス・メディアの普及による映像文化の広がりを自明の歴史と捉えていた僕にとって、それよりはるか前に、こうしたコミュナルなネットワークが存在していた事実は衝撃だった。しかもまさに「幻」と言っていいほどの、瞬く間の盛衰の謎には、すっかり惹きつけられてしまった。

戦後（七〇年代）の「シングルエイト」ブームの原型を、この愛好者組織に求めることができること。小樽市総合博物館に二百タイトルを超えるコレクションがあることなど、調べるほどにその輪郭は明らかになっていった。修復技術の開発者、映写機のコレクターにも出会えた。学会やウェブで呼びかけると、新潟、長野、関西、四国からも映像情報が寄せられた。

まだまだ研究成果と言うにはおこがましい段階である。ようやく「集積された記憶の痕跡」の前に立つことができたにすぎない。むしろ僕は今、できるだけこの映像体験を共有したいと考えている。

イメージの社会性、テクノロジーに向き合う身体感覚が希薄な現代だからこそ、この「メディア考古学」が問いかけるものは大きい。

㊳「絆」という言葉のリアリティ　（2012.4）

四月十五日、福島県二本松市で「新日本紀行上映会」が開かれた。原発事故で役場を二本松に移した浪江町の方々を招き、かつての故郷の姿を観ていただこうというもの。仮設住宅に暮らすお年寄りがＮＨＫに送った一通の手紙から実現したのだという。

上映された作品は、「あんばさまの浜」（一九八一年）、「サーカスの来る頃」（七三年）、そして前作品の「今」を取材し再構成した「安波祭に込めた願い」（『新日本紀行ふたたび』二〇一一年）の三本。

赤坂憲雄福島県立博物館館長、馬場有浪江町長、そして手紙の主のご長男（ご本人はこの上映会の実現を待たずに、亡くなられたとのこと）の三名をゲストに、客席を交えたトークセッションに広がっていった。

懐かしい知人の姿、子どもの頃に夢中になった祭、山の紅葉などが映し出される度に、歓声が上がった。マイクを向けると人々は口々に、本来何もなければ「そこ」にいるはずの「故郷」への想いを語った。ＮＨＫアーカイブスの地域公開について考え、提言も行なってきた僕は、会場の隅で胸が熱くなるのを

2009 2010 2011 2012 2013 2014 2015 2016 INDEX II D INDEX III D

抑えながら、全身でこの様子を記憶しようとしていた。

原発誘致に関わる映像もあった。

年代を考えると、これらがこの地域のある「節目」を記録したものであることは確かだ。夕張や鹿児島での僕のアーカイブ実践の経験に従って言えば、本来ならばこうした切実な映像の公開はまだ「早すぎる」ということになる。しかし間違いなく今回の上映会には開かれる必然性、いや必要性があった。

参加者ほぼ全員が、自らの生活の場に立ち入ることが赦されない状況。この究極の異常さの中で、映像は確かに当事者だけが抱える気持ちを互いに確認し、離散する心をつなぐ微かなインデックスとして立ち現れていた。いやむしろ、人々が言葉を慎重に選び、気持ちを抑えるための媒介であったともいえる。それは自作自演的に他人事を生産し、言葉の過剰さを加速させるメディア的現実とは、対極の空間だった。

空間が異なれば、言葉の意味も変わる。この会場で交わされた「絆」という言葉には、「いのち」に直結する重さがあった。

映像や言葉といった「記号」には、間違いなくそれが表れるにふさわしい場所がある。

㊴「視聴者」はどこへ行った（2012.5）

僕が東海大学に赴任して以来、担当してきた科目に「視聴者行動論」がある。「視聴者」とは基本的にテレビのオーディエンスのみを指す。「ラジオを聴く」「新聞を読む」など、メディア接触には極めて多様な「動詞」が当てられるにもかかわらず、これまで僕らはその語をもって代表させてきた。この科目名は、まさにテレビがメディアの王様であった時代の遺物である。

数年前まで、考えもしなかったその自明性の崩壊が、一気にやってきている。授業を聞いている学生たちの表情の中に、僕と彼らのメディア体験を引き裂く「断層」を逃れがたく感じる。それは単に、ネットやゲーム、様々なデジタル・ガジェットが身近になっただけでは説明できない通じなさ――感性の根本的な変化が、そこにはあるのだ。

以前、僕は『テレビジョン・クライシス』を書いたとき、そこで見えた危機を超克可能なものと考えていた――放送が本質的な機能たる「公共性への奉仕」を続ける限り可能なことだと。

しかし今僕は、その困難さに立ち尽くしている。既に彼らには、この議論の前提たる「社会」、それを支える「他者」が見えなくなっているのではないかと。

同じく大学に赴任してから、五月の年中行事としてきた、NHKの『技研公開』見学に今年も行った。

そこでこの「不安」は少しだけ「希望」に変わった。技術者たちの「気づき」に出会えたからだ。剝き出しの技術は人々を孤独に追い込む。技術は本来、「社会的なもの」へ「編成（プログラム）されるもの」でなければならない。

今回特に目を引いたものは、「パブリック・ビューイング」[*15]を意識したスーパーハイビジョン技術の進化と、障がい者・高齢者から外国人までを射程に入れた「人にやさしい技術」の重点開発項目への昇格である。僕も気づかされた――「社会」は予めそこにあるものではなく、経験を通じて生み出されるものなのだということを。

「社会」を認識できないのではなく、それ以前に「社会」自体が損なわれていたのだとしたらどうだろう。そして技術者たちの挑戦は、「視聴体験」を通じた再生への試みだとしたら――「視聴者」を創造する技術に、ひとまず僕たちの未来を懸けてみたくなった。

＊15 スポーツや音楽イベントで、会場外のスタジアムや街頭などにある大型の映像装置を利用して観戦・参加するイベント。二〇〇二年FIFAワールドカップから一般化した。

㊵ 情報の拡散が拓く世界 （2012.6）

かつて「メディアのデジタル化」のイメージは、ＰＣやケータイなどの情報端末が与えてくれるものだった。しかしいくらそれが先進的であったとしても、それらを操作する僕たちの姿は、情報の「受け手」の域を出るものではなかった。

しかし今「デジタル化」は、確実にその域を超え始めている。珍しさから当たり前へ――もはや、その世界観は端末に閉じ込められたものではなく、環境を書き換える段階に至った。社会秩序が変わり、人々の行動所作や経験、そして日常風景が変わる。オールドメディアの生態系の中で育った僕たちの世代にとっては、毎日が驚きの連続だ。

例えば政治は長い間、テレビの中にあった。それが今、Ustreamや「ニコニコ動画」に映し出される。

昨年四月、高円寺の商店街で始まった「デモ」。数十年の眠りから覚めたストリートのパワーが、一年後、普通の人々を官邸前に引き寄せるに至った原動力は、集まった人々自身の継続的な情報発信によるものだ。彼らの手にしてい

2009 2010 2011 2012 2013 2014 2015 2016
INDEX Ⅱ C
INDEX Ⅲ A

たものは受信端末ではなく発信機器であった。

震災後、さまざまなアーカイブ・プロジェクトが立ち上がったのも、僕たちも情報の生産者であるという大前提に則ったものだ。

映像アーカイブ体験の本質は、一定の「量」を伴ったイメージと出会うことにある。それは必然的に多面性や変化に柔軟な思考を促し、「集合の知」が生まれる可能性はそこから開かれる。それは映像をテレビが独占してきた時代の終焉を意味する。

生まれて初めて「ニコニコ生放送[*16]」というネット放送（？）の番組に出演した。

オーディエンスがリアルタイムで発するコメント——罵声や賞賛が映し出される中で、自らの発言を制御することの難しさ。そしてかつての一方向的な情報の流れの生産——消費とはいかに楽ちんなものだったかを実感した。番組の進行はたとえ「ゆるゆる」であっても、情報の交錯の中に身を置き続けた九十分に、僕は疲労困憊した。

「デジタル化」の本質は、「情報の拡散」にある。今のところそれは極めてカオス的である。それは創造の可能性を開く一方で、破壊のエネルギーにも満ちている。いよいよ時代は、抜き差しならない状況に突入したといえる。

*16　国内最大級の動画共有サービス、ニコニコ動画のライブストリーミングサービス。二〇〇七年十二月開始。ニワンゴ運営による「公式番組」と、公式チャンネルによる「チャンネル生放送」、一般ユーザー（生主）による「ユーザー生放送」に分かれるが（僕が出たのは「チャンネル生放送」）、生主たちによる「やってみた」は、その後の「ユーチューバー」などの動画文化につながる。

㊶ 声のメディア・ラジオ再考 （2012.7）

ここ数年、放送番組の審査員を引き受ける機会が増えた。限られた時間内に数多くの作品に向き合うため、結構体力を使う。しかしこのように「放送」やその「表現」を、まとめて考える機会はそうない。貴重な経験をさせてもらっていると感謝している。

この夏は改めて「ラジオ」というものに出会えたような気がする。テレビ番組はタイムテーブルから切り取られても、その多くは「作品」として自立している。しかしラジオ番組の場合は、時間とともにある印象が強い。その理由は用いられる言葉にある。いかに台本に基づいていても、ラジオの言葉は「語り」になる。そこには「語る人」と「語りかけられる人」が必ずいる。

そのことがしっかり意識されているラジオ番組には、テレビとは異なる作品性がある。それは押し付けがましくなく、聞き手にさまざまなことを想像させる。例えば悲惨な戦時下の出来事に関する証言。語られる内容もさることながら、当事者でなければ発せられない「声」の存在感に圧倒される。その声は

「長い間、語れなかった心情」さえも言外に響かせる。

地方局では、地元特有の「方言」や「イントネーション」を大事にする番組も増えているようだ。

本来「書かれることのない」これらの言葉は、その土地に「生きてきた」声の主の身体と分かちがたく結びつき、聞き手に眠っていた空間イメージを呼び覚ます。このダイレクトさが「音のメディア」たるラジオの骨格を成してきたのだ。

震災時のメディア行動を検証するさまざまな調査は、被災地でラジオが大きな役割を果たしたことを報告している。それは電源や回線が失われた環境でも機能する、端末の軽さ、機能の単純さだけが寄与したものではない。その電波が運ぶものが、「声」であったということと大きな関係がある。それは「人をつなぐ」という、メディアの本質を我々に改めて知らしめた。

かつてラジオには、国家という器の下に「声」を一つに束ねる役割を担った時代があった。それが細々とではあるが「たくさんの、多様な、生きた声」を運ぶ媒体になりつつある。

また八月十五日が来る。これもまたラジオが刻んだ歴史であることを、感慨をもって振り返り、考えてみたい夏である。

㊷ 社会を知る、ということ （2012.8）

大相撲九州場所の元会場「九電記念体育館」。ここで八月二十九日から三十一日までの三日間、「ミニふくおか」いうイベントが開かれた。福岡在住または通学する小中学生が作り上げる町。子どもたちが遊びを通じて社会を体験できる、リアルな「仮想空間」だ。

似たようなエデュテイメント・スペースとしては、テーマパーク「キッザニア」が有名である。しかし出来合いの施設の中で行なう職業体験がメインのそちらと「ミニふくおか」では大きくコンセプトが違う。後者は、子どもたち自身が「社会」そのものを「箱庭」として作り出そうという試みなのだ。

毎日五百人の子どもたちが集まる開催期間はわずか三日だが、この町の企画運営に携わる三十五名の「子ども実行委員会」の活動は四月にスタート。大学生ら「青年サポーター」とワークショップを重ねながら、町が機能するための「仕組み」を作り上げてきた。

町には何が必要なのか、どういうルールを設けたら、それらの要素が一つになって動いていくのか――これを子どもたちの手で時間をかけて作り出していくプロセスに、このプロジェクトの何ものにも代えがたい価値がある。
企業がある。公共機関がある。マスメディアがある――ただ「ある」だけではない。起業ができたり、倒産したり。それらは「生きている」のだ。そしてそれらをつないでいく「お金」が流れていく。それは「お小遣い」ではない。働いた対価を銀行で受け取るとき、一定額の税を納める経験もする。

子どもたちは、町並みのデザインにもたくさんの工夫を盛り込んだ。手作りの店。シンボルタワーを作り、そのイルミネーションは、自転車を漕いで発電する。市民たちは私財を蓄えるだけでなく、それを見上げて「一つの町」の中で生きるイメージを心に刻む。

このプロジェクトのモデルはドイツで二十年以上の歴史を持つ「ミニ・ミュンヘン」。しかし世界中の現実の町が異なる顔を持つように、この「ミニふくおか」も、一つのオリジナルな町である。それを創造するという経験から、子どもたちが得るものを想像するだけで、なんだか希望が湧いてくる。
「社会」が遠くに感じる今日この頃。この実践を体験しなくてはいけないのは、まずは大人たちなのかもしれない。

㊸ メディアの快楽を主題化する　（2012.9）

メディアを語る難しさは、第一にその環境変化にいかに対応するかにある。特に大学の授業においては、カリキュラム目標を維持しつつ、常にアクチャルな問題提起を続けないといけない。これは結構高いハードルである。

特にデジタル化が進み、マスメディアを自明の存在に出来なくなって以降、この悩みは深刻さを増している。

この十年、広報メディア学科の科目名の大半が変わった。テレビにメディアを代表させることの困難。教員と学生の世代間格差の広がり。メディアは日常実感と切り離すことができないだけに、この変化には、慎重を要する。

僕が担当する「エンタテイメント・メディア論」もその一つだ。

娯楽性の問題は、かつてはメディア研究の周縁に位置づけられていた。以前は「エンタテイメント番組論」という名だったこの講義も、ドラマや音楽、バラエティーといった「ジャンル研究」を基礎にしていた。それが「総バラエティー化」を経て、ついにテレビ自体を相対化せざるを得ない状況に至っている。

一方で「映画芸術論」「コミック論」など、メディアを縦割りで論じるような授業も次々に消えた。

止めどなくハイブリッド化するメディア表現に対応するには、表層の変化に揺らがない視座を提示する必要がある。そうした流れの中で僕は「メディアのエンタテイメント性」自体の主題化を覚悟した。

今年僕は、敢えて初めてテレビを脇役に退け、「映画」「マンガ」「ゲーム」「デジタル機器」といったものが我々の感覚的「悦び」をいかに刺激してきたかをテーマに構成することにした。そしてそれぞれの分野を掘り下げている若手研究者に声をかけ、ネット（Google+）を用いた「遠隔授業」にもチャレンジすることにした。

これは決して「マスメディアのプライオリティが下がった」との物言いに単純に追随するものではない。むしろ、マスメディア時代をも支えていた感性と、それを覆い隠していた技術的無意識に光を当てる試みである。

バラバラの技術をつなぎ合わせ、それにメッセージを乗せること、それ自体の不安定さ、驚き、わくわく感に気づくこと。そこから新しいメディア時代のクリエイティビティが生まれることに、密かに期待している僕がいる。

㊹ 地域に生きるということ　（2012.10）

十月二十七、二十八日、第十回目の市民メディア全国交流集会（くびき野メディフェス）が、新潟県上越市高田で開催された。再来年、開府四百年を迎えるこの町は、その時代を感じさせる古い町並みを活かした市街地活性化の取り組みで知られている。

国内有数の豪雪地域だからこその雁木《がんぎ》（雪よけのための長く張り出した庇）が巡らされた商店街、寺町のタイムスリップしたかのような風情。高田の町は他にも、上杉謙信ゆかりの事物や、おいしい酒、そして生活に根ざした市民メディア活動「くびき野みんなのテレビ局」など、いろいろな要素が組み合わさって成り立っている。

僕はと言えば、研究のフィールドとしてきた夕張や鹿児島県鹿屋市のほか、こうして一年を通じて多くの地方都市を訪ねる生活が続いている。そして最近とみに感じるのは、どの「地域」にも、その姿を形づくる原理のようなものが働いている、ということだ。

その原理が、上手に様々な要素を巻き込んで一つの「生態系」をつくりだしているところは、仮に人口が減少傾向にあってもイキイキとしている。反対に、そのメカニズムが崩れると、地域はその体を成すことができなくなり、病んでいく。夕張がその典型だろう。

その意味で、全国から市民メディアに関わる人々が、今回この町に集まった意味は大きい。市民メディアは、単なるマスメディアのオルタナティブではない。その小ささは、我々の「生きられる世界」の関係性と循環を手の届く範囲で支える、積極的な役割を担っているのだ。

「地域」は、その中でも極めて具体的な課題を提示してくれるコンセプトだ。行政区画、イコール地域では決してない。今回の集会では、ソーシャルメディアや臨時災害FM、地方紙などのメディアの機能を問うものばかりでなく、小さな映像祭やエリアワンセグのデモなど様々な分科会が開かれた。

とくに目を引いたのが「越後瞽女」にメディアの原点を探るセッションだった。

過去に学ぶことによって未来を構想する。メディアが結びつけ、循環を促すものは、空間だけでない。時間をつなぐことによって「生きる」ことを支える。「地域」はまさに歴史を生み出すエンジンでもあったのだ。

㊺ 平泉と「視覚の冒険」（2012.11）

震災以降、東北を訪ねる機会が増えた。今回は山形の付属高校から、仙台の会議に回り、翌日さらに気仙沼に足を延ばしたわけだが、訪ねる度にその広さと、懐の深さには圧倒される。

気仙沼から大船渡線で、一ノ関まで戻って時計を見た。まだ午後一時四十分。このまま新幹線に乗るのは惜しい。ふと見上げると「世界遺産」のポスターが目に入る。「そうだ、平泉に行こう」――盛岡行き各駅停車に飛び乗った。

「平泉――仏国土（浄土）を表す建築・庭園及び考古学的遺跡群」として、この一帯が世界遺産に登録されたのは、震災の痛手が生々しい昨年六月。もちろんこのタイミングは偶然だが、東北の人々には希望の光となる出来事であり、またここで知るべき「東北」の姿が、一つ加わった意味は大きい。

僕自身、平泉は二回目だったのだが、なにしろ二十五年ぶり。ほとんど記憶は薄れていただけに、今回の出会いは鮮烈であった。

何よりその風景に揺さぶられたのは、僕の「目」である。普段は全く使わない「視覚」の限界がこじ開けられた気分――メディアを研究する人間としても刺激的だった。

まずは「俯瞰する目」。毛越寺庭園、その隣の観自在王院跡の「広さ」。ほとんどの伽藍・堂宇が失われた中で、その全体像を想像することは極めて難しい。浄土思想の理想を具体的風景に重ねるには、様々な知識をAR的に自分の視覚に織り交ぜなければならない。

そして「抽象する目」。金色堂内部の密度は、広大な平泉の風景と対照をなす。理想を分節し、意味化して配した仏像の並びは極めて独特であり、しかも自らの一族の栄華との接点を描く（中央の須弥壇に初代清衡、左右の壇に二〜四代の遺体が安置されている）あたりに、デザインの妙味が窺える。

最後に「見通す目」。新幹線車内誌『トランヴェール』昨年九月号の「奥大道」特集を思い出す。芭蕉の「奥の細道」のイメージとは逆に、ここは南北に延びる幹線道路の核であったというのだ。ここを中心に「世界」に思いを馳せる困難さ。僕らはどこまで、現代の地理観に縛られているのだろうか。

平泉への短い旅は、イメージの冒険だったと言える。僕たちの窮屈な想像力に喝を与えるには、たまにはこういう異次元に身を置く時間が必要である。

㊻ ジャーナリズムは消滅するのか　（2012.12）

人気動画サイト「ニコニコ動画」を運営するドワンゴが、驚くべきメッセージを発表した。十二月二十日の「ニコニコニュースポリシー宣言」、そこで同社の経営陣は「われわれはジャーナリズムではないというスタンスに立つ」と公言したのである。

思わず目が点になった。「何を言っているんだろう」というのが第一印象だ。これまで報道媒体として独自記事を配信し、また震災後はそれこそマスメディアが追い切れない被災地の様子を伝えるなど「ちゃんとジャーナリズムしてきた」ではないか。それがなぜ。

経営陣は言う「原則として独自の報道は行なわず、情報プラットフォームに徹する」――プラットフォームだろうがなんだろうが、情報を媒介する機能を担うのであれば、それはジャーナリズムなのではないのか？

そこには大いなる誤解がある。誤解というより、確信犯的作為と言うべきか。彼らは凋落するマスメディアとの違いを強調するために、敢えて「ジャーナリズム」を葬ろうとしているのだ。

二〇〇五年にも同じことがあった。

当時の人気サイト、ライブドアは「パブリックジャーナリスト宣言」を行ない「既存報道機関からのジャーナリズムの開放」を謳った。しかしその意味を理解しない経営陣との齟齬の結果、プロジェクトは「挫折」した。今回も僕が知る同社スタッフは、立派なジャーナリストだった。宣言は、現場の矜持を踏みにじるものに他ならない。

前回も今回も気になって仕方がないのが、経営陣のジャーナリズムに対する無理解だ。

「宣言」には「平等」「ありのまま」といった言葉がナイーブに用いられている。彼らはカメラを向けた瞬間、対象は「ありのまま」ではなくなるというメディアの論理の基本中の基本を知らないのだろうか。

ネット陣営が自らのメディア特性に対して無自覚である一方で、既存ジャーナリストにも、しっかりと自らの行為を定義づけてこなかった弱みがある。

ジャーナリズムは「いま・ここ」を切り取り、異なる時空間に運ぶ技術と倫理である——いまこその原点に戻り、新旧のメディアはその困難さについて対話する必要がある。つまらない張り合いをしている間に、本当に社会が壊れてしまうかもしれないのだ。

Introduction
再び暴力と不可視の時代へ、なのか

国内報道が、右往左往している間に、世界はもう一回り深刻な状況に入り始めていた。アラブの春への喝采から、反動への展開。しかしこれも、「希望」がいとも簡単に「絶望」に入れ替わるという構図においては、われわれの周囲で起こったことと地続きともいえる。しかもいったん始まった「ポジ」から「ネガ」への流れは、なかなか逆には戻らない。この皮肉を、僕たちはどのように腹に収めたらいいのだろうか。

いずれの動きにも背景にソーシャルメディアがある。しかし、残念ながらそれらは結末までは拾いきれない。メディアの未成熟さの証であると言えばそれまでだが、いずれにしてもゲートキーパーの役割をメディアが果たすといった期待は過去のものになった。

アルジェリア事件は、危機が「中東」という「特別」な地域から外にすっかり染み出していることの象徴だった。ボストンマラソン、パリ、ブリュッセル……事件は連鎖する。それは、生活空間の些細な対立や孤立の隙間に、暴力の芽がコミュニケーションの代わりに、侵入していることを露にしていた。暴力は、不可視性の中に発芽する。

そもそもメディアは時空間を切り取るものだけに、僕らにはもれなくその「枠線」の外にあるものを想像する力が要求される――それが「メディア・リテラシー」である。しかしそれは、メディアを扱う側の謙虚さと、僕らの努力があって初めて接近できるものである。

僕らの国には、それを冷笑するような空気があふれている。この年の一月以来「世界の報道の自由度ランキング」の、日本のランクは下がりっぱなしである。二〇〇九年のＢＰＯの「ＥＴＶ２００１」に対する判断では、送り手側の「忖度」を厳しく指摘した。しかしこの年、十一月二十六日の国会中継を見る限り、「忖度」はすっかり日常化してしまったといえる。

2013

平成25年

1月1日　復興特別所得税導入（２０３７（平成49）年まで）。

1月9日　大阪市立桜宮高等学校で体罰自殺事件が発覚。この事件以降、他校でも次々と体罰問題が明らかになる。

1月16日-20日　アルジェリア南部イナメナスの天然ガス関連施設をイスラム系武装勢力が襲撃し、日本人技術者を始めとする多数の死傷者が発生。

3月5日　ベネズエラのウゴ・チャベス大統領が死去（58歳没）。

3月13日　ブエノスアイレス大司教のホルヘ・マリオ・ベルゴリオ枢機卿が２６６代ローマ教皇に選出される。教皇名フランシスコ。

3月16日　東日本大震災により被災した石巻線渡波駅-浦宿駅間、および常磐線浜吉田駅-亘理駅間が復旧。同日、東急東横線渋谷駅が地下駅に移転。

3月23日　各地で使用されている10種類の交通系ICカードの相互利用が開始された。

4月1日　ＮＨＫ連続テレビ小説『あまちゃん』放送開始（～9月28日）。

4月15日　ボストンマラソン爆弾テロ事件発生。

4月19日　公職選挙法の改正案が参院で可決成立、インターネット選挙運動が解禁となる。

5月31日　ＮＨＫと在京広域民放局が東京スカイツリーからの本放送の送信開始。

6月6日　アメリカ連邦最高裁判所、同性婚カップルにも同等の権利を保障すべきとする判断を示す。

6月22日　富士山が世界文化遺産に登録される。

7月3日　エジプトで軍部によるクーデター発生（２０１３年エジプトクーデター）。ムハンマド・ムルシー大統領の権限を剥奪。

7月11日　妖怪ウォッチのシリーズ第1作目が発売される。

7月21日　第23回参議院議員通常選挙投開票日。政権与党である自由民主党が、岩手、沖縄以外の全選挙区で当選者を出し、両院のねじれ状態が解消された。

7月25日　潘基文国際連合事務総長、シリア内戦による死者が10万人を超えたことを発表。

8月4日　アメリカ国務省が、アルカーイダによるテロの可能性が高まったとして、リビアやエジプト、イエメン、ヨルダンなど22の同国在外公館を一時閉鎖。

8月21日　大リーグ・ヤンキースのイチロー選手が日米通算で史上3人目となる４０００本安打達成。

9月5日-6日　主要20カ国・地域（Ｇ２０）首脳会議（サミット）がロシア・サンクトペテルブルクで2日間の日程で開幕。シリア問題が最大の焦点。

9月7日　アルゼンチンで開かれた第１２５次ＩＯＣ総会において、２０２０年夏季オリンピックの開催都市が東京に決定。

10月1日　アメリカ上院議会が、医療保険制度改革「オバマケア」の修正案を盛り込んだ同下院の提案を否決、予算案が成立せず一部政府機関が閉鎖。

10月2日　伊勢神宮の内宮で、御神体を旧殿から新殿へと遷す式年遷宮の主要行事「遷御」が行なわれる。

10月18日　サウジアラビアが国際連合安全保障理事会の非常任理事国に選出された数時間後に就任辞退。非常任理事国に選出された国が辞退するのは初めて。

10月31日　秋の園遊会の最中に、山本太郎参議院議員が福島第一原子力発電所事故の解決を訴えた手紙を天皇に直接手渡す。

11月3日　楽天イーグルスが、読売ジャイアンツを日本シリーズで下し初優勝。

11月3日　タイで、反タクシン派のステープ・トゥアクスパン元副首相が主導し、インラック首相の辞任を要求する大規模デモ発生。

11月9日　ミス・ユニバースの２０１３年大会から、性別適合手術（ＳＲＳ）を受けた外見上女性の者も参加可能になる。

11月30日　財団法人日本傷痍軍人会が解散。

12月4日　アゼルバイジャン・バクーで開催されるユネスコ政府間委員会で、『和食日本人の伝統的な食文化』が無形文化遺産に登録される。

12月5日　南アフリカのネルソン・マンデラ元大統領が死去（95歳）。12月10日に追悼式が行なわれた。

12月6日　参議院で、安全保障にかかわる機密情報を漏らした公務員らへの罰則を強化する特定秘密保護法案を賛成１３０票、反対82票で可決、成立。

12月17日　国家安全保障戦略が閣議決定された。

12月19日　猪瀬直樹東京都知事が、医療法人徳洲会グループから５０００万円を受領した問題の責任を取り、東京都議会議長に辞表を提出。

㊼「見えない脅威」とは何か　（2013.1）

アルジェリアでいったい何が起きたのか――状況を把握すべき5W1Hに何もヒットしない。僕たちはひたすら無知であり、そしてあの不条理な結末を聞かされてからも、その闇はますます深まるばかりだ。

「これが『テロとの戦い』だよ」と訳知り顔で言う人がいる。どこか、あの日の大統領の表情に似ている。でもテロリズムを「見えない脅威」と言ったところで、解決は遠のくばかり。事件の度にむなしさが上書きされる。

例えば「見えない」原因を、「彼ら」にではなく「僕ら」の目の問題として考えてみたらどうだろう。犠牲者の無言の帰国を機に、少しずつ漏れ出してきた報道やネット上のざわめきの中からいくつかのことを考えてみた。

まず、情報が圧倒的に乏しく、なかなか事態が摑めなかったことについて。以前だったらメディアはもっとフラストレーションを募らせ、世論を煽っただろう。しかし今回の場合、その第一報からなんだか異様なほど静かだった。

誰かが言った。「日本企業のプラントでなければ、日本人が犠牲にならなければ、五行で済んだ出来事」。

かくのごとくアフリカは遠い。しかしそこでも経済は動いている。僕らは最初から「見えないまま」世界で生きている。

そんな中で論争となったのが「実名報道」問題である。きっかけは毎日新聞社員の「人が人として生きた証しは、その名前にある」としたツイッター。

個人の尊厳を貴ぶからこそ公表すべき、との主張そのものには理がある。しかし現実は、メディアスクラムと美談化の雪崩現象。そこには「目に見えるもの」に飛びつく衝動を抑えられない、日常に堕した僕らがいる。

過去の類似事件の犠牲者との扱いの違いも気になるところだ。

かつて「自己責任」の言葉の下に冷たく扱われた人がいた。今回は「政府専用機」だ。そこには「何かを見せよう」との思惑はなかったか。つい穿ってみたくなる。

折しも一月三十日、「国境なき記者団」が発表した「世界の報道の自由度ランキング」[*17]で、日本が大幅にランクを落としたとのニュースが届いた。

不自由さは「目に見える」規制が生み出すだけのものではない。普段の僕らが、何に目を凝らしてきたかが、特に「想定外」のときには重く問われるのだ。

＊17　国際NGO「国境なき記者団」（本部・パリ）が毎年四月に発表する。対象国は百八十ヵ国。日本は二〇一〇年に十一位だったが、年々順位を下げ、一四年は五十九位、一五年は六十一位、一六年はついに七十二位に転落した。「インフラ」や「メディア環境と自主規制」といった独自の指数に基づいてつくるランキングだが、世界全体でテロの脅威とナショナリズムの台頭、政治の強権化、メディアの買収劇などによって「報道の自由と独立性に対する影響が強まっている」という。

⑷⑻ 現実と映像の自由と不自由　（2013.2）

僕は今年の二月も厳寒の夕張にいた。

石炭博物館に残された古い映像を見る会を、「ゆうばり国際ファンタスティック映画祭」期間に開催し続けて今年で五年目になるが、その「仕事」に止まらず、「映画祭」はもはや僕にとって、必ず通わなければならない年中行事になってしまった。

夕張はいろいろな意味で、「エッジ」な街である。

財政再建団体転落後の様々な社会的動向が注目を集めてきたが、文化面でも面白い場所になっている。「周縁」は意識しようがしまいが、常に中心に対して陰画的な存在となる。その意味で現在の夕張には、日常に対するアンチテーゼが溢れている。

今回の映画祭でグランプリを獲得した『暗闇から手をのばせ』(戸田幸宏監督）は、まさにその象徴であろう。障がい者専門のデリヘル嬢を中心に、こうした人々の社会との距離を描いたこの作品は、まさに「ネガ」に「ネガ」を合わせることで、認識の隙間に落ちた世界に、光を当てることに成功した。

注目すべきは、これが放送番組制作者による作品であるという点だ。実際戸田監督は一度はドキュメンタリーとして企画したが、許可が下りなかったという。そのつまずきが、初めての物語映画の扉を開くきっかけとなった。

今回の映画祭では、放送出身の監督による作品がもう一つ。〈スカパー！映画チャンネル賞〉を受賞した『樹海のふたり』である。〝樹海に魅せられた〟実在のテレビディレクターとの出会いから生まれた「メタフィクション」。放送業界の窮屈さが、物語のそこここにちりばめられている。

何故この二人の「放送人」は、自らの表現の場を映画に求めたのだろう。しかもその初公開の場が、どうして夕張だったのか。帰ってからも、そのことが気になってしかたがなかった。長年、テレビで「現実」を追ってきた彼らである。おそらくこれらの選択の背景には、彼らが感じた「現実」と「メディア」の関係の変質がある。

「エッジ」から投げ込まれる問いは、常に重く圧し掛かってくる。『暗闇から手をのばせ』は三月、『樹海のふたり』は七月に東京で公開される。

大都市で再会した時、僕はその答えを読むことはできるだろうか。テレビの未来を考える上でも、重要な宿題である。

㊾ 写真の境界性と一九三〇年代　（2013.3）

例年より早く桜が満開となった日曜日、僕は二つ写真展を「はしご」した。一つは横浜美術館の『ロバート・キャパ／ゲルダ・タロー　二人の写真家』展、もう一つは世田谷美術館『エドワード・スタイケン　モダン・エイジの光と影』展である。

写真は二十世紀のメディア現象の出発点にある。ベンヤミン、バルト、ソンタグ、フッサールなど、多くの哲学者がこのマテリアルに注目した理由は、その「境界性」にあると言える。

写真は果たして事実を記録するものなのか、それとも作品なのか。仮に作品だとするならば、それは絵画などと同じ意味でそうなのか。こうした疑問を解く鍵が、今回の展覧会が光を当てた一九二〇～三〇年代にある。

報道写真と商業写真。前者と後者の仕事は全く対照的である。それでも彼らには「写真家」という仕事を発明したという点で、メディア史的には等しい評価に値する。

展覧会は、「映像」というメディア現象に社会性が付与される過程を、僕たちに追体験させてくれた。

戦争の理不尽さ、女性性なるもの、人格のイメージ、時間の可視化――いずれもこの時代の「写真」が創造したものだった。それは「写真雑誌」と作家の共謀の産物である。キャパと『LIFE』、スタイケンと『VOGUE』は言わば不可分の存在である。

それは例えば「崩れ落ちる兵士」の無名性とある意味シンクロしている。今年二月に放送されたNHKスペシャルで、真の作者は「キャパ」ではなく「タロー」であったとの仮説が示された。しかし、写真に顕名性（誰のものか）を追求するアプローチは、おそらくこのメディアの本質を見誤らせるだろう。スタイケンも、威厳やスペクタクルが集団的作為の下に出現することを熟知していた確信犯だった。

この年代のことをもっと勉強しなければだめだと思った。技術と戦争とファッションのトライアングル。特定の「誰かが」ではなく、様々なアクターが絡み合って、いつの間にか何かが生み出されていく。そのメディア的集合性の中には、送り手の意図のみならず、受け手の読みも当然含まれる。

間違いなくここには、亡霊のように同じような出来事が繰り返される「現代史」の端緒がある。

㊿ テレビ六十年とその老い　（2013.2-4）

二〇一三年はテレビ放送の開始から六十年の節目の年だ。若者のテレビ離れや数々のテレビ・バッシングの中で、人々はどのようにこの歴史を振り返るのだろうか、密かに注目していた。

一九五三年、本放送を始めた局はＮＨＫと日本テレビである。二月一日に開局したＮＨＫに対し日テレは約半年遅れたが、この日本特有の「公共放送／民間放送並列体制」は、その最初の年からスタートしていたわけだ。

二月一日と二日、記念番組はこの二局のコラボレーションという画期的手法で放送された。初日はＮＨＫのスタジオ、翌日は日テレから、ときに笑いを交えつつ、ある意味「批判的」に六十年を捉えたアプローチは斬新であり、外連味のない清々しさすら感じた。

しかし少し引いて見れば、この日に対して、当該局以外がほとんど他人事のように何も語らないという、奇妙な状況があった。業界全体のアニバーサリー、もっと言えばメディアとともに生きた激動の二十世紀に、思いを馳せるべき日だったはずなのに。

一方新聞各紙は、放送記念日から二ヵ月経った今も、ぱらぱらと「テレビ六十年」をテーマとした記事を掲載し続けている。

一時のイベントとして終わらせずに、継続的に取材をしている点は評価に値する。しかしどうもその、〝「中の人」が、旧き良きテレビを語る〟ことに終始しているようなトーンには、引っかかりを禁じ得ない。

これらの反応から総じて感じることは、一言で表すなら「テレビの老い」である。

未来志向の語りもなくはない。しかしそれもよく読めば一九六〇〜七〇年代の「青年時代」を前提とした「テレビの復権」を求める声である。そこには八〇年代以降のメディア環境、多メディアからデジタル化への移行を視野においた言葉は乏しい。

テレビは常に変化し続けてきた――この事実をどれだけ真摯に受け止めるか――そしてそれはずっと、この社会の変化の鏡として存在してきたのだ。「テレビ離れ」ですら、その響きあい、揺れ動く社会との関係の一側面である。

テレビを「六十歳」の老人と捉えるか、「六十年間の我々自身の歴史」と捉えるか。今後も様々なメディアと向き合うことが避けられない僕たちの「若さ」が試されているといえる。

㊿ ツイッターを止めてみた　(2013.4-5)

「しまった」――そう思ったときは遅かった。決してそれは「炎上」のような大げさな出来事ではなく、単に僕が僕自身に課したルールを自ら破ってしまった、それだけのことである。それでも僕は深刻に悩み、そしてしばらくtwitterを止めることにした。四月二十九日の深夜である。

「メディア・ポリシー」という言葉を初めて知ったのは、大学院のときだった。「ポリシー」は「信念」とか「生き方」のように使われることも多いが、本来は「政策」に当たる社会的な語彙である。特に「メディア」とともに使われると、公的な意味が強くなる。

しかしそれはマスメディアの存在を前提としたものである。放送と通信は、公と私に二分される時空間秩序が成立していた時代は、それをもとに「ポリシー」が各々定義されていた。マスメディアの衰退とソーシャルメディアの躍進は、その構図を崩した。

今や「メディア・ポリシー」は誰も読まない「規約」とともに、利用者個々人の意識に丸投げされた格好だ。Facebookや所謂ＳＮＳは、基本的にクローズな仕組であるからまだいい。しかしtwitterと向き合うのは最初から難問だった。僕にとっては、このメディアの利用はイコール「公私の中間領域」で言葉を発する社会実験に参加することを意味していた。

厄介なことに、スマートフォンの普及がさらに困難さに拍車をかけている。ヘビーユーザーに顕著な電子おしゃぶり化した身体性は、パラ言語を垂れ流し、思考を介さない幼児退行空間をそこここに生み出している。

「しまった」——そのとき僕は、その引力に抗しきれなかった。確かに理性主義だけではこの新しい環境の「ポリシー」は説明つかない。だからこそtwitterのシステムとしての「脇の甘さ」は可能性に見えたはずだった。しかし「甘さ」はむしろ自分にあった。

一ヵ月の「謹慎」を経て、エントリを再開した僕が今思うことは、おそらくこうした迷いや躓きはこれからも続くだろう。それは決してネガティブな感じではない。この曖昧な居心地の悪さに止まることこそが多分「メディアを自らのものにすること」なのだろう。

降りてしまうことは簡単だ。でもそこからは何も始まらない。

㊾「社会」の遠さを思う　（2013.6）

この『望星』が読者の手に届く頃、参議院選投票日は目前に迫っていることだろう。もしかすると結果が出た後に、このコラムに気づく人もいるかもしれない。僕自身も今、後で読み返すことを想定して、これを書いている。「選挙」が、民主主義を実現する手段として機能しなくなっているのかもしれないという不安は以前からあった。四年前の民主党大勝時は、その「数字」の意味をまだ理解することはできなかったが、しかしその後の政権の混迷と不信は、この制度の前提条件を揺るがすに十分のものだったと言えよう。

昨年の十二月以降は、まるでただその反転した鏡を見ているだけの状況が続いている。巷には、賛否様々な声が飛び交ってはいる。しかしそれとは全く無関係に、空虚なスローガンとともに次々に政策が決定され、それが当然のように、日常を上書きしていく。

選挙以上にメディアの機能不全を訴える声は大きい。批判機能を発揮しないことへの苛立ちと、偏向への過敏さとの板挟みが、マスメディアに対する救いようのない失望となって言論の動きを封じている。しかもその声は主に、新興メディアから発せられているという点も、事態をややこしくしている。

そんな中で、解禁されたネットによる選挙運動はどんな動きを生み出しているのだろうか。これまで何度も検討されては見送られてきた公職選挙法の改正が、何があって今回はするすると通ってしまったのだろうか。この間ネットは何も変わっていない。というよりもむしろ情報の流れは複雑化し、不透明さが増したという印象は強い。

この言いようのない無力感。「僕たちはこの六十年、何をやってきたのか」という虚しい問い。個々の努力、個々の幸せが社会全体の豊かさに直結すると信じていた、そのナイーブさのツケが回ってきたのだろうか。今、眼前の景色は、そのナイーブさへの居直りと、ちゃぶ台返しとの不毛な繰り返しに満ち、その中で「社会」はますます遠景に退いている。

ここからさらに絶望に転落するのか、ここを転換点とするのか。どんな結果が出ようと正念場である。まずは丁寧に、「生活」に「社会」を近づける接点を探そう。それは決して僕が「社会」にすり寄ることなどではない。

㊿ ニュースでは伝えられないこと　（2013.7）

ニュースが気味が悪い。

毎日のように、全国で遺棄された死体が見つかったと報じられている。それに畳み掛けるように連続殺人も。テレビはそれぞれ一報を伝えた後、謎解きをすべく事件の背景を追う。しかし、言葉が重ねられるほどに、謎は深まる。なんだろう、この重苦しい感覚は。

人の死には様々な種類があるが、他者によって命を奪われることほど理不尽なものはない。しかも「遺棄」や「連続」である。そこには想像を絶するような時間が流れているに違いない。それが同時多発的に存在しているのだ。そう思っただけで気が遠くなる。

ニュースは冷静を装い、一つひとつの事件について語る。

もちろんそれは報道の姿勢としては正しい。しかしそうした個々の因果関係とは別次元で、何かが起こっている。それがニュースでは伝えられない。「事件」になる前の状況が共有する何か。それを言葉にできないもどかしさ。気味の悪さの正体は、そのあたりにありそうだ。

「いじめ」と「青少年の自死」との関係にも、同じことが言える。

関係者は、その因果関係の認否で立ち止まってしまう。「説明」は「責任」と裏表の関係にある。しかしもしもその理由がわかったのなら、過去に遡って気づいたなら、誰も悲劇に向き合わずに済む。実は追及する側も、される側も、どこかでそのことには気づいている。それでも言葉を求めざるを得ない。そこには出来事それ自体の無慈悲さがある。

ニュースの不気味さは、この「言葉が届かない」ところからやってきている。六月に発表された『自殺対策白書』の衝撃につづき、この七月には高齢単身男性の一六・七％が「会話は二週間に一回以下」という深刻な調査結果が厚労省から発表された。何でも一緒くたにするなと言われそうだが、このように並べたくもなる何かが、我々の生活のすぐ隣にある。

その一方で「日本女性の平均寿命が世界一に返り咲く」というニュースも流れる。死が最も遠い社会で、理不尽な死と背中合わせで生きるパラドックス。この現実に、どう向き合ったらいいのだろうか。言葉が届かないのなら、どんな表現をして、近づけるのだろうか。

頭がボーっとした感じに苛まれるのは、暑さのせいだけじゃない。

㊿④ 舞台は「戦後」に移った（2013.8）

ロンドンオリンピックに沸く一方で、昨年の八月のテレビはまるで「戦争」を忘れたかのように振る舞っていた。体験者が徐々に鬼籍に入り、震災と原発事故の切実な状況が続く中で、「戦争の記憶」をメディアが扱う困難はいよいよ極まったように思えた。

しかしこの夏、再び「戦争」は主題として帰ってきた――しかもそれまでのとは全く異なる顔つきで。戦争の悲惨さを、原爆～終戦というメモリアルデーに沿って描く常套話法は消え、代わりに新たなリアリズムが迫る。そのフォーカスは「戦後」に当たっていた。

ＮＨＫがこれだけの数の番組群を送り出してきたのは、おそらく二〇〇七年に特集「Ｓｅｎｇｏ62」を組んで以来のことだろう。そして今回そこにはかなり挑発的なメッセージが仕込まれている――それは「戦争は終わっていない」あるいは「僕たちの日常は、あの時代と地続きなのだ」である。

『終わりなき被爆との戦い　被爆者と医師の68年』（ＮＨＫスペシャル：八月六日）、『届かぬ訴え　空襲被害者たちの戦後』（ＥＴＶ：同十七日）のように直接に「終わらない戦争」を身体に刻んだ人々を描くものの一方で、『緒方貞子　戦争が終わらないこの世界で』（Nスペ：同十七日）、『ガタロさんが描く町　清掃員画家のヒロシマ』のように、人生の向こうに戦争を投影するものまでアプローチは様々である。

もちろんこれまで同様に、資料から見出された新事実を扱うものもあった。『従軍作家たちの戦争』（Nスペ：同十四日）、『知られざる脱出劇　北朝鮮・引き揚げの真実』（Nスペ：同十二日）——しかしこれらも、登場人物の「戦後」の苦悩が発掘された出来事との間でコントラストを成している。

これらの番組が視聴者として意識している層は、明らかに僕たち「戦後第二世代（体験者を親に持つ世代）」である。かつて杉田二郎が『戦争を知らない子供たち』と歌い、それに自意識を重ねてきたはずの僕らの記憶も、実はそれ自体が「戦争」を指し示す記号や痕跡の集合体だったのだ。

僕たちは戦争を知らないのではない。僕たちが知っていることを、戦争の危機とともに語ることが大切なのだ。

過去と現在をつなぐ——僕らの担うべき「歴史的責任」について考えた夏だった。

㊺ テレビは生き返ったのか　（2013.9）

『半沢直樹』（TBS）の視聴率四〇%越えに沸いた翌週、今度は久々の大ヒット朝ドラとなった『あまちゃん』（NHK）が惜しまれつつフィナーレを迎えた。

「倍返し」は流行語大賞候補と騒がれ、朝の楽しみが無くなると嘆く「あまロス症候群」がネットを賑わすこのブーム。テレビ離れに長い間うなだれ続けた業界関係者は、にわかに乗り遅れまいとはしゃいでいる。

テレビ擁護者として発言してきた僕だが、実はこの騒ぎに対しては、妙に醒めてしまっている。

確かに「よくできた」ドラマだった。しかしそれはここ数年のテレビドラマ全体のレベルアップの流れを受けたものだ。なのにこの突出した視聴率、人気——それは一つの「異常事態」ともいえる。

「よくできた」といったのは、計算された尽くした過剰さが、この二つのドラマを支えていたという意味だ。極端なキャラ設定とオーバーリアクション、そして流行を意識したフレーズが巷の噂に加速度をつけた。『半沢直樹』には一昨年の『家政婦のミタ』と同様のスパイラル現象が起こったといえる。
一方『あまちゃん』人気を引っ張ったのは、オピニオンリーダーたちだった。普段は冷静な理論家たちが、不思議なことにこぞってこのドラマを絶賛したのだ。確かに様々な話題の事物を取り入れ、現実と虚構を掻き混ぜ、物語化していくパワーには唸らされた。しかし一種の「権威」のお墨付きが、支持の大合唱を支えたのも事実だ。

この二つのドラマに共通していたのは、テレビを取り巻く者たちを半ば強引に巻き込んでいく「力技」だ。不自然な状況の結びつけや、どんでん返しも目立った。そしてそれはまるで、集合的興奮を生み出す欲望の備給装置のように働いた。日常がここまでスペクタクルを受け入れるのは、背後に強いファンタジーへの志向があるからだ。

だから僕には、これを「テレビの復権」として語るのに抵抗がある。むしろ「テレビのニコ動化」あるいは「現実のアニメ化」というべきかもしれない。気になるのは話題にしている人としていない人との二分化だ。興奮が社会意識を捏造する――世界のあちこちで起こっている現象の「静かな、日本的表れ」のように思えてならないのだ。

㊻ 楽天の頑張りに思う（2013.10）

日本シリーズに何年かぶりに夢中になった。それは「読売vs楽天」というカードが実現したからだ。「伝統球団vs新興球団」という対立図式で語る人も少なくない。しかしこの構図はもっと踏み込んで考える必要がある。

二〇〇四年の球界再編問題を覚えているだろうか。

この年は春から、不穏な空気が流れていた。近鉄の球団売却から、オリックスへの合併、球団数減、一リーグ化のムードがいつの間にか経営側を中心に一気につくられていった。それは当然選手会やファンの激しい反発を招き、裁判所への申し立て、さらには史上初の公式戦ストライキにまで突入する事態に陥った。

その後事態は団体交渉によって「セ・パ十二球団に戻すことを視野においた新規チームの参加審査を行なう」合意にひとまず落ち着く。しかし手を上げる企業がなければ、元の流れに押し戻されてしまう。

そこに名乗りを上げたのがライブドアと楽天だった。もちろん楽天の参入が決まるまでは紆余曲折があったし、僕も個人的にはこれらの企業にはいろいろな思いはある。しかしこの時は本当に彼らに救われた。

ちょうど二〇〇四年は日本ハムが北海道に本拠地を移し、楽天が参入した〇五年には千葉ロッテが三十一年ぶりに優勝。市民球団のイメージを全国にアピールした。その後〇八年から西武もチーム名に埼玉の名を冠し、パ・リーグは地域球団によるリーグとして個性を打ち出すようになる。またこの時の動きは全国に広がり、各地の独立リーグの実現にもつながった。

たかが野球のことと言うなかれ。

権力は常に、安定の名のもとに小さな声を消そうとし、そしてそれがさも既定路線であるかのように世論を誘導する。僕は忘れない。この時は本来批判的であるべきメディア企業自身が中心になってそれを先導し、「仕方ない」というムードをつくった。最悪だった。

この頃から僕は、ナショナルなマスメディア社会からローカルを大事にする共創社会への移行を様々な場で意識するようになった。しかしその流れも震災後の政治経済動向を見るとすんなりいっていない。というよりも逆回転し始めている印象のほうが強い。

だからこそ今、楽天の頑張りが与えてくれる希望の意味を深く考えたいのだ。

㊼ 十一月二十六日のこと（2013.11）

十一月二十六日、この日NHKは『あさいち』の時間を短縮し、九時五分から特定秘密保護法案が審議される衆議院国家安全特別委員会を中継した。まず画面には額賀福志郎委員長の姿が映り、その後各党議員の質問と答弁が続いた。

当初、国会中継は十一時五分までで、そのあと『ニュース・気象情報』に入る予定だった。

しかしその時間はまだ共産党の赤嶺政賢氏の質問中で、延長の字幕が入り放送継続。十一時十分の『ひるまえほっと』の開始時間は、最後の生活の党玉城デニー氏の質問中で、さらに中継は延長となる。

注目すべきはその三分後。

十一時十三分、審議の継続を訴える玉城氏の発言の間に、一瞬安倍首相と森担当大臣のツーショットが入る。なんとそこで首相は小さな笑みを浮かべる。

その十秒後玉城氏の質問は終わり、五秒後額賀委員長が質疑の終了を宣言、首相に退席を促す。そして間髪入れずに中継終了のアナウンス（十一時十三分三十五秒)。しかし映像は、その直後に委員長席を取り囲む野党議員を捉えていた。やや早めにアナウンサーが原稿を読み切ってしまったために、数秒異様な状況を画面に残して中継は終わるのである。

十一時十四分ちょうど、映像はスタジオに切り替わり、十一時五分から放送するはずだった『ニュース・気象情報』がはじまる。その三分十八秒後、「いま、はいった」のディレクターの声とともに原稿がアナウンサーに手渡され、五秒後「特定秘密保護法案　衆院特別委で可決」のスーパーつきで、採決の映像が映し出される。可決は「生」ではなく「過去形」で伝えられたのだ。

NHKが意図的に生放送を避けたのかどうかは現段階ではわからない。しかしカメラは回り続けており、状況判断から中継の継続は可能であったはずだ。そのあとの速報までを含め、あまりに手順が良すぎる。

毎日新聞はその日夕刊で、「首相がいる場で採決を強行する姿を国民に見せてはまずい」との自民党関係者の発言を掲載している。もし本当にそうした意図で段取りが組まれたとしたら大変なことである。

思い出すのは十二年前の『ETV2001　問われる戦時性暴力』での番組改編問題[*18]である。首相の安倍晋三氏はあの時の政治介入の当事者でもあった。恐るべきデジャブである。

*18　BPO放送倫理検証委員会・決定第五号「NHK教育テレビ『ETV2001シリーズ戦争をどう裁くか』第二回「問われる戦時性暴力」に関する意見」
http://www.bpo.gr.jp/?p=2810&meta_key=2009
をぜひご一読いただきたい。

㊽「一つの世界」の終わり　（2013.12）

慌ただしく二〇一三年が過ぎていった。年々、次の年を希望をもって迎えることができにくくなってきたのは、単に歳のせいではないだろう。

夏場、ソーシャルメディア疲れで、一時ツイッターから離れるという経験をした。タイムラインは同調しあう居心地の良い世界を作ってくれたが、同時に異質なものに対する寛容さは絶望的に失われてしまった。

福島の記者たちの話を聞く機会があった。震災から一千日経って、「分断」は「対立」そして「孤立」へと進み、言葉が失われてしまった人々の多さにどんな情報を発するべきか悩むという。他の地域との温度差も深刻だ。

その一方で、国政を司る人々の関心は完全に「あっち」へ向いてしまった。オリンピックへの夢を見るなとは言わない。しかし「完全にブロックされている」「コントロール下にある」嘘を信じてまで叫ぶ万歳は、『自由からの逃走[07]（E・フロム）』そのものの光景だ。

テレビ六十年を機に報道が明らかにおかしくなってきた。権力批判は影をひそめ、安易な取材、萎縮、おもねり、自主規制、忖度を疑う映像が氾濫する。

[07] エーリッヒ・フロム『自由からの逃走』（東京創元社、一九六五）【読書ガイド16】

誰に見放されることを焦っているのか。「NHKは公共放送であって、国営放送ではない」と言い続けた唇が寒い。

「紅白歌合戦」の出場者を見て愕然とした。この人たちが「この年を代表する歌手」なのか。どんな基準で選ばれたのか。それぞれの世代が勝手な「心地よさ」に閉じこもった結果、音楽が世界や時代を表象しなくなった。文化の島宇宙化。人々は目を伏せ耳を塞ぎ、パズドラの指を必死で動かす。

南スーダンでは、シリアでは、今何が起こっているのか。僕たちの実感はあまりに乏しい。国際情勢は今やフラストレーション解消のネタにすぎない。ソチオリンピックへの首脳参加見合わせが続く。「人権」ってなんだっけ？　それよりも目立ってなんぼでしょ？　とばかり、若者は身近なコンビニの冷蔵庫に飛び込む。

「世界は一つ」というスローガン自体が、二十世紀的メディアが作り出したイデオロギーだったのかもしれない。だとしても、このバラバラ感はなんなのか。酷すぎないか？

二〇一四年、僕はまだどんな顔をしてメディアのことを語っていいのかわからない。

Introduction

練習問題の日々

僕たち一人ひとりの市民が、メディアを自らの「認識のツール」としてどう使いこなすか、それを問う「練習問題」のような奇妙な事件が次々と現れた。ＳＴＡＰ細胞、佐村河内事件――メディアは「何が事実か」に背を向け、トピックを消費することだけに情報を差し向ける。少なくない人が完全に尊厳を傷つけられ、命を絶つ人すらもいたこれらの事件が、「話題」の賞味期限切れとともに、オワコンとして片づけられる一部始終を見せつけられた。

二つの「朝日新聞問題（福島第一原発と慰安婦に関する二つの「吉田証言」に関する問題）」論議も、根は同じところにある。部分否定をもって全否定にすり替える詭弁が容易になり、陰謀論が飛び交うこの状況は、個別事象を超えて、論理的コミュニケーションが社会的に脆弱化している証である。そこでは明らかにジャーナリズムが正常に機能を発揮していない。

エンタテイメント・メディアにも、一つの区切りがつけられた。「笑っていいともの終了」である。一九八〇年代のネオＴＶ化が生んだバラエティという情報圧縮方法にも限界が見えたということだ。今や、エンタテイメントのカリスマは、タモリやさんまのようにスタジオ空間をオーガナイズできる能力にはない。

子供たちが、手のひらの上の画面で踊るユーチューバーになりたいなどと本気でいう時代である。アニメやゲームも含めた一見薄っぺらい表象に、引き付けられるのは、そこにこそ彼らの「生きる世界」があるからではないか。いや、むしろ薄っぺらくなってしまったのは「現実」世界の方なのだ。僕が「地方」に期待するのは、そこにその貧しい現実に切り込むチャンスがあると思うからである。

2014

平成26年

1月1日	アメリカでオバマケアでの保険適用始まる。
1月22日	タイ政府、同日から60日間、首都バンコクとその近郊に非常事態宣言を発令。
1月29日	理化学研究所発生・再生科学総合研究センターほかが、万能細胞を世界で初めて作製することに成功したと発表。「ＳＴＡＰ細胞」と命名。
1月30日	グーグルが同社の携帯電話端末部門モトローラを、中国のパソコン大手企業レノボに29億１０００万ドルで売却。
1月31日	スイス・ジュネーブにて22日から開催されていたシリア内戦の政治解決を目指す和平会議「ジュネーブ2」が終了。具体的な成果は出ず。
2月5日	作曲家佐村河内守が、交響曲「ＨＩＲＯＳＨＩＭＡ」などの楽曲の作曲を特定の他者に依頼してきたことを公表。
2月7日～23日	冬季オリンピック・ソチ大会開催。
2月9日	東京都知事選挙で、自由民主党、公明党の支持を受けた元厚生労働大臣の舛添要一が初当選。
3月7日	近鉄・阿部野橋ターミナルビル（あべのハルカス）が大阪市阿倍野区に完成。地上60階、高さ３００ｍの日本一高いビルとなる。
3月8日	マレーシア航空３７０便（乗客乗員２３９人）がタイ湾のトーチュー島付近で消息を絶つ。
3月18日	ロシアのプーチン大統領がクリミア自治共和国の編入を表明。
3月18日	中国と台湾の間に結ばれたサービス貿易協定に反対する学生が、台湾立法院（国会）を占拠する（ひまわり学生運動）。
3月31日	フジテレビ系昼の長寿番組『森田一義アワー 笑っていいとも！』が放送終了。31年半の歴史に幕を下ろす。
4月6日	三陸鉄道北リアス線、田野畑～小本駅間の運行再開。これにより、三陸鉄道全線が運行再開する。
4月16日	韓国全羅南道珍島沖で、クルーズ旅客船「セウォル号」が沈没、死者２９４人を出す海難事故発生。
5月22日	タイ軍がクーデターを宣言。憲法を停止。
6月4日	「ＳＴＡＰ細胞」論文が撤回されることが報道された。
6月12日～7月13日	ＦＩＦＡワールドカップ・ブラジル大会開催。

6月16日	石原伸晃環境大臣、難航している国の中間貯蔵施設建設をめぐり「最後は金目でしょ」と述べ、福島県知事らが批判。
6月29日	イスラム教スンニ派武装組織ＩＳＩＬ（ＩＳ）が、カリフ（予言者ムハンマドの後継者）を最高指導者とする国家の樹立を宣言。
7月1日	集団的自衛権の行使を認める憲法解釈の変更を閣議決定。
7月3日	習近平中国国家主席、国賓として韓国を初訪問、所謂旧日本軍の従軍慰安婦問題について関係機関による共同研究を進める旨、声明付属文書に記載。
7月17日	ウクライナ・ドネツク近郊で、マレーシア航空ボーイング７７７が撃墜され、乗客乗員２９８名全員死亡。
8月8日	世界保健機構（ＷＨＯ）は、西アフリカ諸国にエボラ出血熱の感染が拡大していることをうけ、「国際的に懸念される公衆衛生上の緊急事態」を宣言。
8月8日	アメリカを中心とした有志連合国が、イラクに展開するＩＳＩＬ（ＩＳ）に対して空爆を開始。
9月11日	朝日新聞社長が記者会見。5月に報じた福島第一原発所員に関する記事を謝罪、同時に慰安婦強制連行の取り消し記事についても謝罪を行なった
9月18日	スコットランドでイギリスからの独立を問う住民投票を実施。結果は「否決」。
9月27日	御嶽山が7年ぶりに噴火。登山客ら50人以上が死亡する。
9月28日-12月15日	香港で雨傘革命（反政府デモ）が起きる。最終的に警察の強制排除で終了した。
10月7日	ノーベル物理学賞受賞者に赤崎勇・天野浩・中村修二の3人が決定した。
11月3日	9・11テロ事件で崩壊したニューヨーク・ワールドトレードセンターの跡地に高さ約５４１ｍの「１ワールドトレードセンター」が完成。
11月10日	映画俳優高倉健死去。
11月16日	沖縄県知事選挙で翁長雄志が現職の仲井眞弘多を抑え当選。
11月18日	安倍首相が消費税１０％を1年半（２０１７年4月）先送りと、11月21日衆議院解散、12月14日総選挙を表明。
12月14日	第47回衆議院議員総選挙投開票。与党の自民党、公明党両党が計３２６議席を獲得し勝利。
12月17日	アメリカ合衆国大統領バラク・オバマとキューバの国家評議会議長ラウル・カストロが同時刻に両国の国交正常化交渉の開始を発表した。

㊾ 戦前「へ」の想像力 （2014.1）

『寅さん』シリーズが代表作のように語られる山田洋次だが、家族や地域をモチーフとした秀作を数多く監督してきたことでも知られている。その最新作『小さいおうち』を見た。そしてその静かな作風の影に隠れたメッセージの強烈さにしびれた。

特に目を引きつけられたのは、一九三〇年代の生活描写のリアリズムである。教科書通りの歴史的知識（それでも、ないよりはよっぽどまし）しかもたない現代の若者に「おばあちゃん、（自叙伝は）ありのままに書いてよ」と言われ、「これがありのままだよ」と答えるやり取りの重さ。僕たちは、戦争に向かっていったあの時代の空気を、あまりに知らなすぎる。

戦争への道は、まさにその穏やかな日常の中に隠されていた。東京オリンピックを控え、無邪気に勇ましい言葉を口にする男たち。そしてその周りで小さな違和感を感じながらも、それを胸にしまい込む人々。なぜか僕にはそこに八十年の時間の隔たりを感じることはできなかった。この映画の主題は、決して「密やかな悲恋」だけではない。

一九三〇年代に日本中でその日常風景が撮影された「パテ・ベビー」（九・五㎜フィルム）の発掘を研究しはじめて五年になる。北海道から九州、そして旧統治地域にまで広がったアマチュアたちの映像に、もう何本出会っただろう。そこに映された、現代の我々と変わらない市井の人々の屈託のない笑顔と「戦前」という時代に対する僕たちの先入観とのずれは大きい。

よく考えてみれば当たり前のことだ。どんな時代でも人々は「日常」、つまり日々の生活を「いきる」。些細な幸福も、不幸も、大きな危機ですら、そこを揺りかごにして芽を膨らませていく。すぐ隣で起こっている出来事のように一九三〇年代の情景を見つめることの大切さ。決してそこに「現代」の説明要因を恣意的に求めてはいけない。

小津映画のオマージュとして話題となった『東京家族』に続き、わずか一年で新作を発表した老監督は、「日常への細やかな眼差しを持て」というメタ・メッセージを発し続ける。精力的に作品を送り出し続ける姿勢は、僕にはそのまま、彼の危機感の表れとして映る。それはたとえ「大きな物語」へのささやかな抵抗にすぎないとしても。

⑥⓪ 封じ込められた雪害　（2014.2）

二月十四日から十六日にかけての大雪は二十四人の死者（二月二十一日現在）を出し、一週間を過ぎても孤立が解消されない集落が数多く残るなど、広範な地域に甚大な傷痕を残した。もちろん直接の要因は自然の猛威なのだが、被害の拡大には、明らかに初動の出遅れが響いたとの見方がなされている。

おそらく誰もが、これほどの状況になるとは思っていなかっただろう。しんしんと降り積もる雪は、地震や台風と違って体感を揺さぶることはない。しかもそれがどの程度の量なのか、どれほどの被害になるかは個々の町、集落のあり様によって異なる。一つには確かに「雪慣れ」の問題はあった。

しかしマスメディア、ことにテレビの対応は、そのことを割り引いても尋常ならざるものだった。

報道は本来、記者の目を通して発信されるもので、交通網の遮断が彼らの移動を阻んだのは止むを得ない。しかしそうした理由による情報の「遅れ」とは全く異質な何かが間違いなく起こっていた。

特にＮＨＫの報道は奇妙だった。ニュース枠における扱いは著しく小さく、現地の深刻さは全く伝わってこない。ちょうど五輪とぶつかっていたとはいえ、市民生活や生命の危険に関わる情報を脇に追いやる道理はない。

特に象徴的だったのが週明け十七日のニュースウォッチ9だ。ようやくこの雪害に関するリポートが流れたと思いきや、「救出」「通行止め解消」場面ばかりを絵にしている。被害の酷さを報じずに、状況の改善ばかりをアピールする。批判を避け、むやみに安心を押し付けるトーン。なんだかかつての「大本営発表」が頭によぎる。

ようやく二十五日に総括的な番組「クローズアップ現代　大雪の猛威〝空前の立往生〟はなぜ起きた」が放送される。しかしこれにしても主題は首都圏の主要交通網の問題。個々の孤立集落への目配りは乏しく、関心は徹底的にマクロで中央集権的である。

東日本大震災からわずか三年しかたたないのに「なぜ」と思う。いやむしろそれ以降、この社会は自発的に思考停止の道を選んだのかもしれない。災害報道に限らず、物議を醸す発言を繰り返す会長や経営委員に象徴されるように、公共放送の姿勢そのものにその不気味さを感じる。激しく不安である。

⑹ そして「日常」はつづく （2014.3）

始まりがあれば、必ず終わりはある。そんなことはわかってはいたが、当たり前にあったものが無くなるとなれば、そこには様々な想いが去来する。十月の『笑っていいとも』終了宣言以降、なんとなく僕たちは、例えは悪いが余命を告知された人と向き合うような居心地の悪さを感じてきた。そして三月三十一日、ついにその日は来た。

いつもの時間に最終回、そして夜にグランドフィナーレ。タイトルの華やかさとは裏腹に、滔々と続くゲストやレギュラー陣のタモリに向けられるメッセージはまるで弔辞。そう、まさにこの日の放送は「告別式」だった。

『笑っていいとも』が始まった一九八〇年代前半は、メディア史の大きな転換点だった。それまで、カメラの先の世界をお茶の間に運ぶ、文字通りの遠隔視覚装置だったテレビは、肥大したスタジオとおしゃべり上手のタレントたちによって、その内と外を反転させた。

テレビが日常に浸食し、メディアが透明性を標榜しないヴァーチャル社会――イタリアの哲学者ウンベルト・エーコが「ネオTV[*19]」と呼んだシステム。

*19 U・エーコが小論「TV：失われた透明性」（一九八五：水島・西『窓あるいは鏡』所収）で提示した概念。チャールズ・ダイアナの挙式中継を題材に、「テレビの外部参照性の喪失（テレビが現実社会ではなく、閉じた自分たちの世界を自足的に映し出すようになる）」が生じていることを訴え、その前（パレオTV）の時代との間に大きな断層があることを示した。

まさにテレビによるテレビのための自作自演が社会を彩り、だからこそ皆が、テレビに群がっていった。

ひな壇、リアクションのできる素人、番組の総バラエティ化——今でもテレビは、この時代が生んだ形式を守り続けている。でも気分はとっくに「お昼休みは、ウキウキウォッチング！」なんかじゃない。テレビと僕たちの幸せな関係は、いつ終わったのか。

『笑っていいとも』の終了は、テレビの時代の終焉の象徴と思って、その日を迎えた。でも番組を見ていくうち、どうやらそうでもなさそうだという気分になってきた。「明日も見てくれるかな！」「いいとも！」で、グランドフィナーレは終わった。そう僕たちは、きっと明日もテレビを見る。

「いいとも」が終わってもテレビは続く。それくらいテレビと僕たちの日常は、根っこのところでつながっている。確かにかつてほどの幸せな関係ではないかもしれないが。告別式の翌日も、普通に仕事に出かけるように、僕たちは「終わりなき日常」を生きる。テレビはその時代にふさわしい顔つきで、それに伴走する。そんな宣言に見えた、エンディングの演出だった。

㊷ 不可知と向き合う　（2014.4）

最近、世界はわからないことだらけだ。

三月八日に消息を絶ったマレーシア航空機は、いまだに機体の所在も、消えた理由も明らかになっていない。四月十六日に起こった韓国船セウォル号の沈没事故も、なぜここまでの大惨事となったのか、救出活動が進まなかったのか、本当によくわからない。

災害や事故ばかりではない。ＳＴＡＰ細胞騒動も謎だ。次々と明らかになる不正の一方で、肝心の実験自体の成否は、ますます不透明になってきた。不正といえば「現代のベートーベン」と言われた作曲家のゴーストライター問題も、なぜこれほどの長きにわたって代理作曲をし得たのか、闇の中である。

我々は、真実というモノがあるということを信じている。そしてそれは認識可能であると。この数世紀の科学の発達や、民主主義の広がりは、確かに世界を透明にしてきた。メディアが、それに一定の貢献をしてきたのも事実だろう。しかしこうして、その限界ばかりを見せつけられれば、次第に気持ちは萎えていく。

易きに流れる我々の弱い心は、マーケティングの名を借りた印象操作の餌食になってしまうのだろうか。

首相の過剰なメディア・パフォーマンスは、明らかにそれを狙ったものだ。「大統領が食べたおすし」の陰で、不可思議な法案は次々と通過し、外交の困難さ、被災地の現実は忘れられていく。

「どうせわからないのなら、作ってしまえ」。権力者だけではない。誰もがそれに加担している。学生たちは何の抵抗もなくコピペをし、二次元のキャラクターゲームから出てこようとしない。COOL—JAPANの主張の裏には、すっかりバーチャル化した世界がある。どうしたらこの「気持ち悪さ」に抵抗できるのだろうか。

いろいろ考えあぐねた結果、陳腐かもしれないが「ジャーナリズム」の概念に立ち戻ってみることにした。『現代ジャーナリズム事典』（三省堂、二〇一四年六月刊）の編集に参加し、この古びた言葉のカビを取り払う作業を一年間してみて、いよいよその思いは強くなった。

我々に足りないのは、不可知に向き合う技術と謙虚さだ。青臭い物言いだが、何度でも学び直すことはできる。まだまだその時間はあるはずだ。

⑹ ハイブリッド・リーディング （2014.5）

ようやく僕も昨年ぐらいからkindleを日常的に使うようになった。それとともに、「読む」行為そのものの不思議さを考える機会も増えていった。

アルベルト・マングェルは『読書の歴史』[08]（一九九六―九九）で、「読むこと」を本から一旦引き離し、星、地形、ジェスチャーなど、様々な対象から意味を受け取る行為一般として考えることを提案した。

しかし一方、例えば一九七〇年代から続く杉浦康平の膨大なブックデザインの仕事を振り返ると、「本」自体がイメージの世界と不可分であり、宇宙的な感性に開かれていることを再認識できたりする。

いわゆる「本が苦手な若者」は、概してこうした本を介したイメージとの交信の経験が乏しい。授業やゼミで彼らが本を読んでいる姿を覗き込むと、文字だけを必死に追い、解らない言葉につまずくと、その意味をすぐ辞書に教えてもらおうとしている。だから苦しい。

人は誰しも、自分の経験から脳内に描かれるイメージの世界を持っている。しかし生まれてからずっと自分の外に「正解」はあり、それを習得することを

[08] アルベルト・マングェル『読書の歴史―あるいは読者の歴史』（柏書房、一九九九）【読書ノート22】

強要されてきたら、個々人固有のイメージと、文字の象徴世界が結びつくことなく成長してしまうことになる。これがいわゆる教養の後退なのだろう。

デジタル化による、読書デバイスの多様化は、本と黙読する個人という、近代が生み出した閉じた関係を疑い、広げるチャンスに確かになっている。しかし、未来は「紙―電子」といった媒体（対象）側のハイブリッド化だけに求められるものではない。もっと自由に「読む行為」を創造していくチャレンジが必要なのではないか。

五月二十五日、東大駒場キャンパスでの日本記号学会大会で、僕は仲間たちと「書かれぬものをも読む」という実験を行なった。いわば集団読書会と言うべきパフォーマンスで、本好き六人が各々の読書体験を披露し、会場参加者と共有していくというものだ。

成否はともあれ、その時この空間に、文字とイメージの交信が起こっていたことは確かだ。その証拠に、会場を後にする人々の顔は皆笑っていた。

教養とは、まずは楽しいものでなくてはならない。デジタル技術も、その可能性を拓くものでなくてはならない。

㊿64 世代交代の現実を受け止める（2014.6）

このところ、ショッキングな出来事や政治的にセンシティブな事態が生じると、先んじてソーシャルメディアに人々が動き、テレビが後手に回るということが続いている。しかもその扱いが小さく、報道すらされない場合もあり、炎上のネタになってしまっている。

こうしたときに出てくる反応は、大きく分けて二種類ある。一つは「マスメディアは役に立たない」論。確かにリアルタイム性や、情報の肌理の細かさの点から言えば、ネットにかなりのアドバンテージはある。しかしそれをもって「テレビは不要」とまで言ってしまうのはあまりに短絡すぎる。

もう一つは「陰謀論」である。そこには権力と結びついた悪意があり、流すべき情報を取捨選択しているのではないかという疑いである。確かにニュースのラインナップを見ても「あれっ」と思うようなことは少なくない。しかしまるで江戸時代の「越後屋、お主も悪よのう」のイメージで批判するのは、いささかドラマに毒されすぎだ。

僕の印象は、マスメディアの関係者も含め、皆がこのメディア環境の変化に戸惑い、右往左往しているという感じだ。でもこういうときは冷静になって、大原則を考えたほうがいい。それは「知る権利と権力」の関係である。

かつてマスメディアの中心にあった新聞やラジオが、その地位をテレビにとって代わられたときも同じような批判があっただろう。だが新聞もラジオも消えてなくなってはいない。役割を変えて生き続けている。より速く細かく情報を扱えるメディアが普及した以上、テレビが真剣に機能転換を考えるべき時期に来ているのは間違いない。

メディアは時間と空間を相手にしている以上、その役割は常に相対的だ。だからこそ、僕たちがそれによって豊かになるイメージを描くことが大切になる。空間や時間は複雑だ。速さや細かさだけでは太刀打ちできない場合もある。多様な認識尺度をもったメディアの存在は、我々の知識を豊かにする。

権力とはそもそも権利の集合体である。市民の知識が乏しい時代は、簡単に権力が一極化した。今はそれに抵抗できる時代になった。だから古いメディアも切り捨ててはいけない。

今こそメディアの世代交代をポジティブに受け入れ、厚みをつけるべき時なのだ。

㊺ アニメと現実　（2014.7）

イラスト、特にアニメキャラクターが上手な学生がいた。実に丁寧に、いくつもの手本を写し、大変な努力をして技量を磨いていることがわかった。興味深いことに、ノートには、リアルな人間のデッサンもたくさん描かれていた。その観察力はすごいと思った。

アリストテレスによれば、ミメーシス（模倣）は、本質的人間性の一つであり、諸芸術創作活動の基本原理である。なぜならば、模倣は単なる模写とは異なる、本質を引き出す行為と考えたからだ。一方プラトンは、ミメーシスを真実から遠ざかるものとして批判する。この対立は、現代においてもアクチュアルな議論を喚起する。

まさにアニメは、この両面性を内包している。特に日本のアニメ独特のデフォルメ技法は、単純な模写を超えた人物描写を生み出している。しかしそれは、反復されることで、誇張の単純化や、極端な捨象が進み、シュミラークル（オリジナルなきコピー）化のリスクを抱え込むことになる。

常軌を逸したような事件が起こると、報道はしばしば、容疑者がアニメ好きであったことに言及する。その因果関係を証明することは不可能だ。にもかかわらずそれが常套句化してしまっているのは、近年アニメ作品が、自己言及的に増殖している状況が実際にあるからだ。この急激な市場の膨張は、「外の人」からは確かに異様に見える。

　しかし若者たちは、本当に、ピュアにアニメが好きである。そしてこの業界に関連する職業（アニメーターや声優）を目指す者も少なくない。おそらくアニメが表現する「人工環境」は、僕たちが思うよりもはるかに彼らにとっては「現実（リアル）」なのだろう。

　最近のアニメの制作技術には、驚かされるばかりだ。遅ればせながらだが、今年の上半期の話題をさらったディズニー最新作『アナと雪の女王』を観た。そして確かに新しさを感じた。

　語弊を恐れずに言うなら、そこには「ファンタジーからリアリティへの回帰」があった。単純さと複雑さの共存。想像の世界の中に人間らしさを矛盾なく据えた、映像の完成度に息を飲んだ。

「神は細部に宿る」——僕たちは、アニメという表現が愛されること自体が、病んだ現実の批判となる、そんな時代に生きているのかもしれない。

㊱ それは新聞ではない　（2014.8）

「紙の新聞」の購読を辞めてもうどれくらいになるだろう。学生に「新聞を読め」と言ってるのに、それはまずいとは思う。きっかけは販売員との些細なトラブルだったが、ついぞ復活する気にはならない。

一方で新聞記事そのものには、以前よりも接する頻度が増した。スマホで簡単に読めるということもある。しかしそれだけではない。むしろわざわざ駅やコンビニに走ることさえある。

近いところでは、朝日新聞の八月五日、六日の「慰安婦問題を考える」特集がそれだった。一九八〇～九〇年代にかけて度々掲載された吉田清治氏の「慰安婦強制連行」証言の虚偽性について検証し、それを認め、過去の記事を取り消したことは、衝撃を与えた。

メディアが自ら発した情報について点検し、それを公表した姿勢は評価に値する。しかし実際に紙面に向き合ってみると、わかりにくく遠回しな書き方が目立ち、違和感が残る。その理由は、この検証記事の本当の狙いが「読者への疑問に答える」こととは別のところにあるからだろう。

最近の新聞には、表現の仕方の違いこそあれ、自紙の記事の正統性を訴え、他紙を攻撃するような論調ばかりが目立つ。

その繰り返しは、読者の支持／不支持の溝を再帰的に深めるだけでなく、このメディアの信頼性自体を損なわせる。それなのになぜ新聞は、このもがけばもがくほど足を取られるアリ地獄にはまってしまったのか。

福島原発事故元所長、吉田昌郎氏に対する事故調の「聴取結果書」(『吉田調書』)に関する応酬もそうだ。これも報道自体には、大きな意義があったにもかかわらず、いわゆる「言った／言わない」論争に堕してしまっている。事実追求の正義を掲げるふりをした、正統性争いはもうたくさんだ。

引いて見ればこれらは、新聞の宅配システムの崩壊による、単純な「読者囲い込み合戦」の末路でしかない。

様々なメディアを通じてニュースに接することが可能になった一方で、二次言説や伝聞、噂が飛び交う時代に、プロのジャーナリズムは何をすべきか。少なくともこの泥仕合は早々に終わりにしてほしいものである。そうしないと本当にわれわれは、大切な「世界を知る」手段を失ってしまうことになる。

㊼ 地方紙のリアリティ　（2014.9）

九月二十四・五の両日、およそ七年ぶりに山陰地方を訪ねた。中海と宍道湖を囲む、米子、境港、松江などの町には、それぞれ大変美しい風景があり、また独自の文化的資産が数多く存在している。

その空気に触れるだけで、目がひらかれることが多々ある。一方、日本海を背負うこの地域は、政治的にも特別な事情を抱えている。その一つに竹島（独島）の問題がある。もちろん国境線をどのように引くかは極めてナショナルなイシューではある。

しかしその文脈の前に、それはまずは地元には、生活圏をめぐる問題なのだということは忘れられがちだ。イデオロギッシュな物言いに絡めとられず、地元のリアリティに接近しなければ、ことの本質に迫ることはできない。

尖閣諸島というクリティカルな問題を抱える沖縄の琉球新報とこの地の山陰中央新報とが、昨年合同で企画した「環りの海」という特集をまとめ読みする機会を、松江で得た。問題に翻弄される生活者の視点を中心に据えたトーンが胸に響いた。国際情勢の中に両地域を冷静に位置づける姿勢にも、好感が持てた。

地元の風景の中で、その地独自のメッセージに触れる体験は大切だ。九月八日に訪れた沖縄では、初めて丸木位里・俊夫妻の『沖縄戦の図』を展示する佐喜眞美術館とトーチカ跡が残る嘉数高台公園に行き、普天間基地を俯瞰するという経験をした。カメラのフレームで切り取られることのない、三百六十度の風景の中に、問題を置き、悩める当事者の声を聞いた。

折しもその前日は、県内統一地方選挙の投票日。朝のコーヒーを飲みながら県内二十四市町村の開票結果を読んだ。その記事のもつ意味は、かの風景に囲まれ、眩しい日差しを受けるとともに、ゆっくりと腑に落ちていく実感を得た。地域メディアの機能とは、まさにこうした「その土地で暮らす」身体とともにあるのだと知った。

そう思うと、昨今の全国紙の混迷の理由も理解できる。それは発せられる数々のナショナル・イシューの危うさと一体のものでもある。ナショナルな次元は相対的なもの。常にローカルとグローバルの両端の視座から検証され続けなければならない。

地方紙を巡る旅は、そのことを改めて教えてくれる。

㊿ 地域、大学、メディアの逆襲 （2014.10）

なんと先月に続き、またも山陰である。今回は鳥取。十月二十四日、鳥取県民チャンネルコンテンツ協議会十周年記念シンポジウムの基調講演と司会を依頼され、スーパーはくとに乗った。

振られたテーマは「地域」「大学」「メディア」の三題噺。同協議会は、鳥取県内の四つの高等教育機関（鳥取大、鳥取環境大、鳥取短大、米子高専）と中海テレビをはじめとする県内地域メディア、産業団体によるプロジェクト。大学の知を地域へ発信し活用を図る、東海大文学部の「知のコスモス」[*20]の県域版である。

なぜ今の時代、大学と地域とメディアはコラボレーションしなくてはいけないか――今回僕は、基調講演でやや大風呂敷を広げてしまった。

でもそれは最近の僕の活動の底にある「確信」に根差した話である。「大学も地域もメディアも、本質的にマージナルだ」――すなわち全体主義的、あるいは中央集権的な動きに、本来常に対抗的姿勢をとり続けるべき存在なのだ。

しかし「地方」が自治を失い、中央の機能に従属せざるを得なくなって久し

*20　東海大学文学部の教員が出演し、広報メディア学科の学生たちが制作する教養番組。二〇〇九年四月より湘南ケーブルネットワーク（神奈川県平塚市）を放送キー局として、J:COMケーブルネット関東（東京、神奈川、千葉、埼玉、茨城）、テレビ西軽井沢（長野県・御代田町）他、全国十四局でレギュラー放送。ウェブサイトでの動画配信も行なっている。http://www.hum.u-tokai.ac.jp/cosmos/about.html

い。

成長期はその矛盾は隠すことができる。しかし今や『地方消滅』[*21]（増田寛也）が声高に叫ばれるまで、自主自律が困難な財政状況に追い込まれてしまった自治体も少なくない。

自主自律の危機という点で言えば、大学もメディアも同じ状況に追い込まれている。少子化と競争の激化の中で大学の外部資金依存度は高くなる一方だ。「役に立つ学問への特化」の要求は理不尽だとの声は上がるが、大勢は既にその流れの中にある。権力批判がレゾン・デ・トルであるはずのメディアが口を噤む姿は、悲しいかな日常茶飯になってしまった。

失われた二十年と言われる。拡大や成長の翳りに対して「変化」が必要だとは言いつつも、何をどう変えるべきなのか、踏み出す方向を見失ったまま、時間ばかりが経ってしまった。

しかし人口が少なく、中央から離れた鳥取は、大学もメディアも地域に深く入り込み、先進的で元気だった。身の回りの環境に目配りをし、物質、エネルギー、情報各々の循環をしっかりデザインするプランがあった。

新しい、オルタナティブな生き方には、この遠さと小ささがいいのかもしれない。

*21　二〇一四年五月、民間の有識者で構成される日本創成会議（座長：増田寛也）は、市区町村（自治体）の消滅可能性を示したデータを発表。様々な論議をまき起こした。八月にそのデータを基に戦略を提示する『地方消滅』（中公新書）を発売。

⑹⑼ 健さんが生きた時代 （2014.11）

十一月十日、映画俳優高倉健は八十三年の人生を閉じた。その一報が流れたのは一週間後の十八日。葬儀は近親者で済ませたあとの報道発表だった。

健さんについては、スクリーン上の存在感だけでなく、生き方、立ち振る舞いが伝説として数多く語られてきた。出演した映画二百五本に対し、テレビドラマはわずか五本。いわゆる芸能人ではなかった。にもかかわらず、である。

僕自身は、健さんの映画をそれほど沢山見たわけではない。むしろ東映時代の任侠ものは苦手だったし、その後の数々の話題作についても、公開当時はわざと斜に構えて避けていたように思う。それが訃報を聞いてこの方、取り憑かれたように追悼上映を追った。そしていくつかのことに気がついた。

健さんには「敬礼」が似合う。東映以降の作品には、公職には限らなくとも、愚直に任務に向かう役柄が多かったように思う。真面目さの先にある不条理に、唇を噛み、寡黙に耐える表情が、「男」健さんの魅力の一つだった。

健さんの後ろには、常に美しい「風景」があった。

雪降る北海道の駅であり、小舟が浮かぶ九州の漁港であり、場末の酒場であり——いずれも、絶景というより、名もなき人びとが暮らす、無数にある日本の「片隅」の風景だった。それを「美しい」と感じさせる力が、手前に佇む健さんにはあった。そして、健さんの周りには、必ず話しかけてくる人がいた。孤独に見えて、むしろ人を寄せ付けない雰囲気はない。

寒さに悴んだ手をかざす、小さな焚火のような存在だった。話したからといって何が解決するわけでもない。でも話さずにはいられない。そういった人々に健さんはひたすら優しかった。

遺作『あなたへ』のロケに密着したインタビューがまとめられ、NHKスペシャル『高倉健という生き方』として二十三日に放送された。

健さんは、「生き方」という言葉にこだわっていた。演じる人物の人生に、自分の人生を重ねるのだと。そして「日本人の役しかやりたくない」と言って締めた。

「男」「日本」「日本人」。いずれも観念で語るとリスクを伴う言葉だ。でも健さんは、現実にそれを生きようとした。そしてそれが自然な時代がかつてあった。それが昭和だった。合掌。

⑳「他人事」の先にあるもの　（2014.12-2015.1）

戦前、特に一九三〇年代に流行したアマチュア映画の研究を始めて六年ほど。映画史的に重要な表現実験や、広告やジャーナリズムの萌芽を読み取ることができる興味深い対象である。

映像を見ると、当時の東京や大阪など都市生活は、およそ八十年前とは思えないほど、豊かで活気がある。十数年後の悲惨な未来など、全く予期しない人びとの無邪気な笑顔がある。その賑わいは、現代と何も変わらない。

良しにつけ悪しきにつけ、僕たちは現代社会のスタートラインをかの「終戦」に求めがちだ。

しかしそこを自明にすると、それ以前はどのような時代だったか想像することが、途端に難しくなる。それだけ僕たちは、焼野原の国土の印象をすり込まれてきた。だが、その多くは一九四四年以降の風景だ。

一方このところ、時代の空気の右傾化を案じる人々は、現代と一九三〇年代の共通性を指摘する。しかしそれを見極めることは容易ではない。なぜならば、その見た目の豊かさにこそ危険が潜んでいるからだ。

関東大震災からの復興が呼び込んだ近代化や、満州事変以降の軍の存在の肥大化は、町に勇ましい言葉や明るい未来の視覚情報を溢れさせた。しかし映像を繰り返し見るうちに、実はそれらの多くが被災や戦地の現実を隠蔽し、忘れる、お気軽さによって成り立っていることがわかってきた。

映像の中で万歳三唱をする人々の多くにとって、戦争は全くの「他人事」でしかない。一九三〇年代は、それだけまだ出征兵士の死は稀で、戦地の遠さは、それを「国益」の名の下に象徴化するのに十分な距離があった。

僕たちに突きつけられた現実と、この時代の危うさに通底するものは、この無責任な「他人事」心理の蔓延に注目すると見えてくる。

創りだされた高揚感。その言葉の軽さ。二年前の政権交代以降、次々繰り出されてきた「アベノミクス」「日本をとりもどす」といったフレーズも、「東京オリンピック」にまつわる語りも然り。

映像は、表れたものだけでなく、写されていないものを読み取る力を要求してくる。昨年末の総選挙では、徳俵でかろうじて踏みとどまることができた。

二〇一五年はかの終戦から七十年。僕たちの「目と耳」の試練の日々は続く。

Introduction

「ことば」や「表現」を大切にしよう

デジタル・テクノロジーの進化も、一つの曲がり角を越えた感がある。テレビによく似た「ネットフリックス」が上陸したり、「ドローン」が首相官邸に不時着したりすると、もう「なんでもござれ！」という気分になってくる。どれも所詮、記号の船にしかすぎないのだ（それは「新聞」などのオールドメディアだって、そうなのだ）。そう、僕たちは「言語の技術性」にもっと気を配るべきなのだ。

六年務めたＢＰＯの委員を退任して一年、少し現場から距離を置いて「倫理」とは何かを考えてみる気になってきた。若い友人たちの誘いを受け『情報倫理の挑戦』（学文社、二〇一五）という本の一章を引き受けた。和辻倫理学を引いて、「共同性の理論」として「放送倫理」を語ってみた。マイケル・トマセロという認知言語学者の著作にも出会った。チョムスキー派の「生成文法」理論に真っ向反対する彼が大切にするコンセプトは、言語自体の成り立ちと人間の共同性の分かちがたさである。この感覚は、和辻流の倫理学に非常によく似ている。

一方政治は、「ことば」をいよいよ不誠実なものに貶めている。そしてその歪んだ目的のためにメディアを「味方」につけようとする動きは、漫画的なほどに露骨だ。怒りを通り越して、ちょっと笑えてくる。「ことば」は身体や時空間に響くものである。だからこそ僕たちの共同性を刺激してくれる。

戦後七十年。思いを伝えてくれた先輩たちは、次々鬼籍に入ったが、彼らの「ことば」が残っている。僕たちの「闘い」は、まだ始まったばかりである。

2015

平成27年

Jan.	言語の異質性と同質性
Jan.-Mar.	「メモリアル」とは何か
Mar.	「若者らしさ」の価値
Mar.-Apr.	ドローンの眼差し
May.	「劇場型政治」のいま
Jun.	黒船の行く手
Jul.	メディアは透明な窓ではない
Aug.	雨の国会前の光景
Sep.	東北の車窓から
Oct.	新聞を開く音
Nov.	怪人、戦後七十年に逝く
Dec.	総括ができない二〇一五年

1月7日　フランス・パリの政治週刊紙『シャルリー・エブド』本社がイスラム過激派の男2人により銃撃され、12人死亡、4人重傷。

1月17日　阪神大震災から20年。

1月20日　ＹｏｕＴｕｂｅに、イスラム過激派組織ＩＳＩＬが日本人の後藤健二および湯川遥菜の殺害を予告。24日、後藤が湯川の死体とされる写真を持つ動画公開。

2月1日　過激派組織ＩＳＩＬが後藤健二を殺害する動画を公開。

3月13日　福島県大熊町で、福島県内の除染で出た汚染土の中間貯蔵施設への移動作業開始。

3月14日　北陸新幹線、長野駅～金沢駅間の営業運転開始。

3月31日　デジアナ変換サービス（テレビのアナログ放送）の総務省からの要請期間及び地デジ難視対策衛星放送が終了。

4月22日　首相官邸屋上に墜落したドローンが発見される。

5月3日　特定秘密保護法の反対活動を行なっていたＳＡＳＰＬの後継団体として、自由と民主主義のための学生緊急行動（ＳＥＡＬｓ）発足。

5月5日　アメリカで自動運転トラックの公道走行が世界で初めて認可された。

5月17日　大阪都構想の是非を問う住民投票が大阪市の住人約２１０万人を対象に実施され、反対多数で否決。提唱者であった橋下徹市長は政治家引退を表明。

5月26日　日本初の一般向けパソコン雑誌『週刊アスキー』が印刷版を休刊。翌週から電子書籍版のみの発刊に移行した。

6月1日　日本年金機構、外部からの不正アクセスによって年金の受給者と加入者の個人情報約１２５万件が外部に流出したことを発表。

6月17日　選挙権の年齢を20歳以上から18歳以上へと引き下げた公職選挙法改正案が参議院で可決成立。

6月26日　アメリカ最高裁判所が、同国の全州で同性結婚を合法と認める。

7月5日　第39回世界遺産委員会で、「明治日本の産業革命遺産 製鉄・製鋼、造船、石炭産業」が、世界遺産に登録されることが決まる。

7月16日　安全保障関連法案が衆議院本会議で可決。

7月16日　第１５３回直木賞に東山彰良の『流（りゅう）』、第１５３回芥川賞に羽田圭介の『スクラップ・アンド・ビルド』と又吉直樹の『火花』をそれぞれ選出。

7月20日 アメリカとキューバが１９６１年以来、54年ぶりに正式に国交を回復する。

7月31日 ベルギーの劇場ロゴをデザインしたデザイナーの弁護士は、２０２０年東京五輪のエンブレム使用差し止めを求める申立書をＩＯＣに送付。

8月6日 広島市で原爆投下から70年の節目の「原爆の日」。「平和記念式典」には海外から過去最多となる１００カ国の代表を含む、およそ5万５０００人が参列。

8月9日 長崎原爆犠牲者慰霊平和祈念式典には、被爆者や遺族などおよそ６８００人のほか、過去最も多い75ヵ国の代表が出席。

8月14日 安倍内閣総理大臣が首相官邸で第二次世界大戦終結70年を迎えるにあたっての「安倍内閣総理大臣談話」を閣議決定、記者会見を開いて発表。

8月15日 第二次世界大戦から終結70年となる終戦の日を迎え、東京・日本武道館にて全国戦没者追悼式が執り行なわれた。

9月18日-10月31日- ラグビーワールドカップ２０１５がイングランドで開催。日本チームの活躍が話題に。

9月19日 この日未明、参院本会議において安全保障関連法案（集団的自衛権の限定的な行使容認を含む安全保障関連法案）賛成多数により可決。

9月24日 北米エリアでＩＰｖ４アドレスのストックが枯渇。これによってＡｆｒｉＮＩＣを除く地域で、ＩＰｖ４アドレスの在庫が枯渇した。

10月5日 ノーベル生理学・医学賞に大村智が選ばれたことが発表された。翌6日、ノーベル物理学賞に梶田隆章が決まる。

10月5日 マイナンバーの国民への通知開始。

10月13日 沖縄県の翁長雄志知事は、米軍普天間飛行場（宜野湾市）の移設先とされている名護市辺野古沿岸部の埋め立て承認の取り消しを正式決定。

11月5日 東京都渋谷区が、同区の「結婚に相当する関係」と認める条例に基づき、同性婚カップルに「パートナーシップ証明書」を発行することを決める。

11月8日 ミャンマー総選挙投開票。アウンサンスーチー率いる国民民主連盟が大勝し、政権交代。

11月13日 パリ同時多発テロ事件発生、6ヵ所で乱射や爆発が起き、１２０人超の死者。

11月30日 漫画家水木しげる死去。

12月22日 ２０２０年東京五輪のメイン会場となる新国立競技場のやり直し業者選定で、建築家の隈研吾がデザインした「Ａ案」を採用することを決定。

㉑ 言語の異質性と同質性 （2015.1）

僕はイスラムの世界を知らない。二十代の頃、当時の仕事の関係でトルコとチュニジアに行ったことはあるが、現地に通じた貿易会社の人と常に行動し、一人で歩いたのは、ほんの一日、イスタンブールの市内だけである。

当然現地の言葉は全く読めない。特にアラビア語については、二十七ヵ国で公用語となっている世界三番目の言語であるにもかかわらず、あまりにも遠い。意味を知る手がかりとなる文字形態の認識自体がまずはできない。

イスラム教は、聖典であるコーラン自体がアラビア語と深く結びついており、言語理解の壁がその理解を妨げているともいえる。宗教上の教義がそのまま社会的な行動規範に結びついている度合いが強いと言われるが、それがなぜなのか、僕には理解する術がない。

シャルリー・エブドの事件[*22]、そして今回の日本人人質殺害事件[*23]を、一緒くたにして語ることはできない。しかしそれらの根底には、かの世界への無理解があることは否定できない。そして異質なものに対する本能的な嫌悪感がそれを支えていることも。

*22 二〇一五年一月七日、風刺週刊誌を発行している「シャルリー・エブド」本社（フランス・パリ十一区）に覆面をした複数の武装した犯人が襲撃、警官二人や編集長、風刺漫画作者、コラム執筆者ら合わせて十二人を殺害した事件。『シャルリー・エブド』は、それまでもイスラム教の預言者ムハンマドを題材にした風刺画を度々掲載していた。

*23 二〇一五年一月〜二月一日、シリアのアレッポで、二名の日本人（湯川遥菜氏、後藤健二氏）がイスラム教過激派組織「ＩＳ（イスラム国）」とみられる武装集団に拘束された事件。身代金およびＩＳＩＬに関係のある死刑囚の釈放を要求する犯行声明が出された後、二名とも殺害された。

振り返ってみれば、見かけ上同じ言語を使う間柄でも、表面化している対立は少なくない。燻りつづけるヘイトスピーチ。マイノリティへの差別的発言の横行。福島県民の中に入った亀裂。そして県民の意思が封殺された沖縄の現実。

悲しいことに、対立は言葉から生まれ、そして言葉を封じる方へ向かう。そうして生じた沈黙は、暴力をはじめとした、相手の存在を否定するようなメタ行為を促す。一旦そうした方向に動き出すと、歯止めが効かない。言葉は本当にここまで無力なのだろうか。

認知言語学者のマイケル・トマセロは、言語そのものに「協調」の志向性があると分析[09]している。だとするならば、現代の言語をめぐる状況は、それが単純に「同質性」を求める衝動に劣化しているということなのだろうか。

それを「異質さを理解する」方向へ開いていくには、どうしたらよいのだろう。

小学校の英語学習の教科化が進んでいる。複雑な気分だ。多言語は確かに「グローバル社会」で役立つ道具なのだろう。しかしなぜそれが英語でなくてはならないのか――それを考える教育はどこでなされるのだろうか。

09 マイケル・トマセロ『ヒトはなぜ協力するのか』(勁草書房、二〇一三)【読書ノート10】

㉗「メモリアル」とは何か　（2015.1-3）

一月十七日、阪神淡路大震災から、ちょうど二十年の節目の日を迎えた。

このところ仕事で、たびたび神戸に通うようになった僕だったが、見慣れた長田の高層住宅街と震災との関係は、正直これまであまり意識してこなかった。でもこの日、特別番組に繰り返しその風景が現れると、なんとも言葉にしづらい気持ちに襲われた。

僕たちは本能的に、非日常を怖れている。だから極力それを、生活意識の外に置こうとしている。心理学ではそれを「正常性バイアス」と呼ぶらしい。発災時には、それは思考停止や誤った判断を生み、時には生死を決定づける。でもそれはその時になって、突如現れるものではない。

あれから四回目の三月十一日が来た。山田太一が昨年ドラマで描いたように、まさに『時は立ちどまらない』（テレビ朝日）ことを実感する日々だ。新たな時間は、その中で僕たちがどう振る舞うべきかを、厳しく要求してくる。

三陸の津波被災市街地は、まさに復興建設ラッシュの渦中にある。しかし小さなリアス海岸の港町のいくつかには、まだその波は届いていない。福島第一原発の帰宅困難区域の多くは、あの日のまま全く風景が止まっている。時の経過は、ひたすら経験の個別化と複雑さを加速させている。

八月十五日には、かの終戦から七十年を迎える。そもそも、もはやその時期の記憶を持つ人が少なくなったとき、「メモリアル」はどのような役割を果たすのか。首相は「未来志向」を唱え、新たな談話を発しようとしているが、過去の忘却の上に掲げる「積極的平和主義」には「正常性バイアス」に近い危険な匂いが立ち込めている。

複雑さは、孤立、断絶を生み、その現実を認識したくない病理は、独善となって敵を次々に捏造する。

負の歴史が繰り返されてきた原動力はここにある。ならば「メモリアル」の役割は、もう一度「経験」に出会い直し、「言葉」を紡ぐ機会となることではないか。

僕はといえば二月二十八日、昨年仙台で行なわれた震災経験を語るワークショップを横浜で開催した。また二月以降、伊勢原市の依頼を受け、学生による戦争経験者インタビューも始めている。

大学が、こうした「つなぎ役」を担う必要性は、ますます高まっている。

⑺「若者らしさ」の価値　（2015.3）

社会的実践に参加する大学生を迎えるとき、よく現場の大人たちは「若者らしいフレッシュで斬新な感覚で」と言う。正直僕はこのステレオタイプなリップサービスが大嫌いだった。

大学生と付き合ってみるとわかるが、傷つきやすい彼らは、むしろ大人たちよりも保守的なことが多い。「斬新」といえば聞こえはいいが、ただ常識や基礎知識に欠けているだけのことも少なくない。既成観念に疑いを持たずに物真似をしている方が普通だ。

一言でいえば「未熟」なのである。でもそのこと自体がもつ社会的な意味を突きつけられる出来事があった。

広報メディア学科の羽生浩一准教授のゼミは、昨年暮れ沖縄に研修に行った。彼らの課題は、そこで見聞きしたことを記事や映像作品に仕上げること。もちろん事前に、ある程度の予備知識を詰め込んではいた。しかし初めて訪れる戦跡、普天間基地、辺野古、そして伝統芸能や方言を守ろうとしている人々の姿に彼らは圧倒された。

その成果の一部は、三月十一日の東京新聞「発言」欄に「大学生が取材した沖縄」として紹介された。

掲載を後押しした東京新聞の鈴木賀津彦氏は、彼らの「悩みながら書いた」文体に、今の新聞が忘れている価値を見たと言う——訳知り顔の強い主張からは、人々の心は離れはじめているのだと。

三月は卒業の季節である。学科でラジオやテレビの実践プロジェクトの中核を担ってきた四年生たちにも、番組制作から何を学んだかを聞いてみた。

彼らは口を揃えて、悩んだ経験を挙げた。世の中は知らないことだらけだ。その疑問を隠さずに発することが、学生がメディア活動を行なう意味だと。

確かに社会は複雑になりすぎている。膨大な「知ってて当たり前」の情報の前で、どうしても大人たちは口を噤みがちになる。知らないことは恥ずかしいことばかり、スルーして体裁だけを整える。

彼らがこれから、そんな中に入っていく意味は小さくない。その「未熟さ」は、硬直した似非「成熟社会」に風穴を開ける力にもなる。

「無知の知」という言葉がある。その価値が制度的に許された場こそが大学なのだとはいえまいか。知らないことを率直に認め合える柔らかい社会に、「若さ」が活かされることを望む。

⑭ ドローン*24の眼差し　（2015.3-4）

三月十四日、衝撃的な映像が静かにNHKのウェブサイトにアップされた。「原発事故　4年目の決断」と題されたこのわずか三分三十秒の動画は、多くの見る者の言葉を奪った。

画面を埋め尽くす黒い塊は、汚染土の仮置き場を小型無人飛行機（ドローン）で撮影したものである。ドローンは富岡の市街から浪江の請戸地区を飛ぶ。そこには震災と津波、原発事故から全く時間が止まってしまった風景が広がっている。

サイトではこの衝撃的な映像に、昨年行なったアンケート結果を重ねている。災害が破壊したものは、何よりも住民の生活であったことを示す円グラフ。それは単なる数値ではなく、荒涼とした「ふるさと」の姿と対になる。そして我々に現実を直視せよと迫る。

ドローンの映像は従来の空撮とは何かが違う。映像文法のセオリーに従えば、通常上空からの俯瞰ショットは「神の眼差し」と言われ、超越的な意味をもつ。しかしドローンには全くそれを感じない。むしろその動きや対象への近さは、

*24　遠隔操縦または自律式飛行が可能な無人航空機の総称で、二〇〇〇年代から普及、当初は偵察機としての利用に注目が集まっていたが、小型のマルチコプターが廉価で入手できるようになり、二〇一〇年代（日本で初めて使用されたのは二〇一二年）は専ら手軽な空撮機材として活用されるようになった。

鳥かあるいは、物語によく描かれる、肉体を離れた魂の飛び方をイメージさせる。

ドローンは、足を踏み入れることができない場所での撮影によく用いられる。四月二十日に西日本新聞が公開した「軍艦島アーカイブス」（長崎県、端島）も、ドローンが活躍したことで話題になっている。生活者の目線に降り、低空飛行でかつての高層住宅を縫うように飛ぶ機体からの眼差しは、独特の郷愁感を帯びている。

二つの映像は、ともに余計なＢＧＭを使わず、あえて機体の金属的なプロペラ音を残している。耳を澄ますとそこに「風の音」が重なって聞こえる。最新の技術が可能にした映像作品であるはずなのに、どこかアナログな感覚が刺激されるのは、こうした細やかな編集の配慮があるからかもしれない。

目を閉じて、原発被災地や軍艦島を飛ぶドローンの姿を想像してみた。パウル・クレーが描いた『新しい天使』[10]——それをモチーフにしたベンヤミンの「瓦礫の上の天使」の一文を思い出した。鳥や天使には、我々に「何かを告げる」役割が託されている。

僕はドローンの声を聞こうと、何度も何度も夢中で映像を再生していた。

10 ヴァルター・ベンヤミン『[新訳・評注]歴史の概念について』（未来社、二〇一五）【読書ノート19】

⑮「劇場型政治」のいま（2015.5）

かつて小泉純一郎が総理を務めていたころ、その手法を当時のメディアは「劇場型政治」と呼び、囃し立てた。メディア映えする風貌、分かりやすいフレーズと煽りで大衆の情動に訴えかけるパフォーマンスは、確かに人びとの心を摑み、長期政権の基盤となった。

小泉後、安倍（第一次）、福田、麻生と、ごたごたの末、わずか一年での退陣が続くと、人びとは「カリスマ」を政治的安定の必須条件と信じるようになった。政権交代も、震災後の民主党バッシングも、その反動、そして再反動と考えると、納得がいく。

あの「劇場型政治」はどこに行ったのだろうか――昨年末の突然の解散総選挙で、安倍内閣も長期政権の基盤を手に入れた。しかしそこにはかつてのような熱狂はない。メディアも挑む力をなくし、無力感ばかりが募る。

それでもニュースは時々「真実」をみせてくれる。今日それは、アナウンス原稿には書かれない。場合によってはテレビ映像にも表れない。ネット時代になったからこその、行間に浮かび上がるメタな「真実」である。

五月二十日、共産党志位委員長の質問に安倍総理大臣は、ポツダム宣言を「詳らかに読んだことはない」と発言した。安倍氏は二十八日、質問に立った民主党辻元清美議員に「早く質問しろよ」と野次った。多くのメディアはこの出来事に対し、端から無視を決め込むか、『無知だ』『品性にもとる』との、お決まりの非難を投げつけた。

思わずハッとした。そうか「劇場」はまだ生きていたのだ。水戸黄門的というか、大衆演劇的というか、巨大なマンネリズムの生産装置として。この点においてメディアとオーディエンスと政治は、共犯関係を完成させていたのだ。そういえば大阪都構想を振り回し、僅差で敗北した橋下市長の会見も妙に「芝居チック」だった。

「メディアなんて所詮〝快楽装置〟なのさ」と居直るならば、その次元で戦う方法もある。マンネリに浸るカタルシスもあれば、それを打ち破る快感だってあるのだ。ネット時代の複雑さは、人をたじろがせるだけではない。脇の甘さだって露呈させる。

人心を操作するなんて、そんなに簡単なことじゃない。「お楽しみは、これから」なのだ。

76 黒船の行く手 （2015.6）

このところ、またぞろ欧米生まれのメディアサービス上陸の話題が賑やかだ。もともとインターネット自体がアメリカ生まれなのだから、当然といわれればそうなのだが、少し風向きが変わってきた感がある。

主戦場が「テレビ」に移ってきたのだ。iptvの議論は十年前からあった。しかしその時話題だったHuluもなかなか「来日」せず、ようやく二〇一一年にサービス・インしてもユーザーの伸びは今一つだった。それだけに、「Netflix[*25]今秋サービス開始」のニュースが反響を呼んだのには驚かされた。

Netflixが従来の動画配信サービスと違うのは、オリジナル・コンテンツ制作力を備えていることにある。しかも画質も4K対応、スマートテレビのチューナーに標準装備となれば、伝送経路を除けばテレビと全く変わらないシステム統合を果たすことになる。

新しいネット発のサービスは、「テレビのインフラに寄生する」限界を超えて、放送事業にインターセプトをかけに来たのだ。先発のHuluもテレビ局との提携でコンテンツ獲得に躍起になっている。タイムシフト視聴やVODが定

＊25 HuluやAMAZONプライムなどと並ぶSVOD「Subscription Video on Demand(定額動画配信サービス)」大手。二〇一五年に日本上陸が決まると、芥川賞小説『火花』のオリジナルドラマを制作するなど、期待を集めたが、二〇一七年段階ではテレビの息の根を止める「飛躍的な市場拡大」とまでは行かず、補完的な位置づけに止まっているようである。

着し、テレビと動画配信サービスの見た目の境が無くなった今、いよいよチャンス到来という訳だ。

そうなると広告モデルがどうなるか気になるところだ。これまでの定時視聴を前提としてきたCM「枠」ベースの取引形態では、市場が機能しなくなる徴候を見せ始めている。

多様化、複雑化するメディア・コンタクト状況を、二〇〇一年に日本から撤退した視聴率調査の老舗、ニールセンは「フラグメンテーション（メディアの分散）」と呼び、捕捉する技術を携えて再上陸を目論んでいる。センサーで視聴者の顔の向きを測る技術（「ティービジョン・インサイツ」）」も日本での事業開始の予定だそうだ。

ここでいつも問題になるのは、「グローバルvsガラパゴス」といわれる構図である。結局これまでも多くの「黒船」サービスがこの国で根づかなかったのは、単純に後者を「障壁」としてしか見てこなかったからではないか。

情報環境も一つのエコロジー問題だ。外来種の猛威が環境破壊につながらないよう、我々は慎重に推移を見ていく必要がある。

⑰ メディアは透明な窓ではない　(2015.7)

現政権が、ネットメディアの活用にご執心であることはかねてからよく知られていた。そこに一定の支持層がいることを意識しての振る舞いは、これまでもよく目にする光景だった。だから衆議院で安保法制審議中の七月六日から十三日、五回にわたって、自覚サイトとニコニコ動画で「特別番組」が配信されたこと自体には、特に驚きはなかった。

むしろびっくりさせられたのは、その「メディア理解」のレベルである。折からの「説明不足」批判を受けての配信であるから、それをかわすアリバイづくりの目的であろうことは容易にわかる。それにしてもだ。流せばワッとオーディエンスが飛びついて来るとでも思っていたのだろうか。

「戸締り」(第一回) や「ケンカ」(第二回) のたとえなど、内容の問題についてはとりあえず置いておこう。

一回約二十分の冗長さ、そして女性議員を聞き手に「シナリオ通り」のやり取りを延々続ける等々――この工夫のなさは、到底このメディアに馴染んだ者のディレクションとは考え難い。

ネットは今のところ、「話題」がエンジンとなってドライブするメディアである。面白いコンテンツは、リツイートやシェアされ、噂として伝播し、広まっていく。だから一部の旧メディアが指摘しているように、配信後数日間の直接の再生数が少ないことはさしあたっての問題ではない。

しかしどうもこの動画の仕掛け人たちも、実はその特性がわかっていないようなのだ。

例えば動画への直接的なコメント欄に並ぶ肯定的な意見の数々――そこに囲い込むのではなく、なぜこの人たちに拡散を促さないのだろう。「〇〇してみた！」が基調の、そもそも短時間で「面白がる」ことができてなんぼのこの世界なのに。

ふと遠い昔（一九七二年）、現首相の大叔父（佐藤栄作）が退陣会見で、新聞記者を嫌い「テレビカメラはどこかね」と声を上げたシーンを思い出した。

これは「血」なのか、それとも今も昔も政治家のリテラシーは同じ程度なのか。メディアは送り手の言葉をそのまま運ぶ「透明な窓」ではありえない。そのことは僕たち庶民の方がよく知っている。

それでも彼らは頑なに「道具としてのメディア」を信じている。だから最後はいつも裏切られるのだ。

⑱ 雨の国会前の光景　（2015.8）

今から四年三ヵ月前の二〇一一年六月二日の午後、僕は国会前にいた。誰一人いなかった。しばらくすると見学に向かう小学生の団体とすれ違った。全く静かな雨の日の光景だった。

その日、当時の野党は菅直人内閣に対する不信任案を提出した。結果は否決であったが、これに至る動きは政権に大きなダメージを与えた。震災からわずか三ヵ月もたたないうちの政局。あの日僕は一人で憤っていた。日比谷公園に向かって少し歩くと反原発を訴える小集団が関係省庁の前にいくつか陣取っていた。しかしその存在はまだ小さく、力なく見えた。

二〇一五年八月三十日の午後、僕はやはり国会前に向かっていた。最寄り駅の階段は混み合い、改札にすら行きつかない。やっとの思いで地上に出るとそこには見たこともない光景。警察の指示で国会前庭をぐるっと迂回して正面に向かう。おそらく電車を降りてから二十分近くかかったと思う。

ものすごい群衆だった。しかも組織動員によらず、ネットなどを頼りに、三々五々集まった人たちは、行動が複雑だ。年代も服装も様々。次々と壇上に上がる人々の演説にも統一感はなくそれぞれが思い思いの言葉を発している。それでもこれだけの人々が集まった——鮮烈なインパクトだった。

僕は雨の中、なるべく一所に止まらないように動き回った。出来る限り全体像を摑みたいと思ったからだ。熱気に包まれる一方で僕は不安を覚えていた。メディアはこれをどう伝えるのか。

自宅に戻りテレビをつけ、ネットニュースをチェックした。ＢＢＣやロイターが積極的に中継を行なう一方、国内メディアは総じて「及び腰」だった。そういえば空撮ヘリの音も目立たなかったし、記者たちはステージ近くにいたという。ＮＨＫは「主催者発表で十二万人、警視庁によると三万人」と両論を併記。淡々と報じていると言えば聞こえは良いが、むしろあえて過去形で、切り取った出来事の断片を並べ、規模感や臨場感が伝わることをためらっているような空気を感じた。

再び僕は四年三ヵ月前の国会前を思った。

あの光景は僕の瞼の奥にしか残っていない。この八月三十日のことも同じように、参加者たちの記憶の中に封じられてしまわなければいいのだが。

世間は僕を相当な旅好きと見ているようだ。

しかしそれは結果論。たまたま研究フィールドが国内各地に散っていること、そして出張を厭わないことから次第にそうなったと言っていい。特に最近は、細かな移動には好んで在来線を使う。とはいっても所謂「乗り鉄」ではない。興味の対象は乗り物ではなく、「車窓」にある。

⑲ 東北の車窓から　(2015.9)

この九月も大学の公務と研究とが数珠つなぎになって、激しい移動が続いた。あいだに二日家に帰っただけの、九泊十一日。新潟、秋田、盛岡、青森、夕張、郡山、古川、仙台、山形、そして気仙沼。各地の美酒が飲めるとはいえ、毎日宿泊地が変わるのはさすがにしんどい。しかしそんな中、つかの間の癒しを与えてくれるのが「車窓」だ。

今回の旅で「絵のような風景というものが実際にあるのだ」と教えてくれたのは、五能線の「車窓」だ。

鰺ケ沢を出たあたりから一気に開ける日本海は、まさに圧巻の連続で息をのむ。しかしそれに並んで僕が好きな風景は、弘前から木造に至るまで、どこからでも拝むことができる岩木山だ。その姿を見るだけで津軽の人にとってこの山がどんな存在なのかがわかる。

古川から仙台までも、今回はあえて陸羽東線～東北線に乗って移動した。たわわに実った稲穂の波から徐々に都市郊外の風景へと移り変わっていくさまが楽しい。

特に松島から塩釜の間で、海が視界に飛び込んでくる瞬間が好きだ。もっぱら高架を高速で通過するだけの新幹線とは違い、在来線はほぼ「人々の目の高さ」を知覚可能なスピードで走る。つかの間ではあるが、その土地の暮らしを横切る実感がある。

ドイツの歴史家W・シヴェルブシュは『鉄道旅行の歴史』[11]で、「車窓」のパノラマ的景観が土地と人のつながりを断ち、「視覚的消費」を加速させたと批判している。中世的ノスタルジーから見ればそうだろう。しかし逆にヴィリリオ的「速度」と「情報」の中に暮らす二十一世紀の僕らにとってみれば、「車窓」は、かの断たれたつながりを取り戻す契機に他ならない。

気仙沼線、大船渡線の多くは、津波被害でBRT（バス高速輸送システム）に代わった。嵩上げによる変貌と手つかずの荒れ地をまだらに映し出す「車窓」。東北の風景は実に多弁である。

11 ヴォルフガング・シヴェルブシュ『鉄道旅行の歴史―19世紀における空間と時間の工業化』（法政大学出版局、一九八二）【読書ノート08】

⑳ 新聞を開く音　（2015.10）

この春から東海大学のキャリア就職センター所長を務めることになった。数多くの学生の「人生」に深く関わる仕事に、毎日身が引き締まる思いだ。

かつて就職部といっていた部署に、「キャリア」という言葉が使われるようになったのは二〇〇〇年あたりからだ。バブル崩壊やグローバル化、ＩＴの普及を経て、この頃の経済の動きは、激しさをます一方になっていた。

年功序列や終身雇用といった言葉がまだ活きていた時代、人の一生は企業のそれより短くて当然だった。しかし今ではベンチャーの台頭や合併・分社化が日常化し、僕たちは企業の寿命を超えて生きなければならなくなった。

それに伴って大学も学生を「社会に出して終わり」では済まなくなった。彼らには生涯「職業人」として成長していく構えを身につけてもらわねばならない――「キャリア教育・支援」という言葉の背景に、そんな意味がある。

で、「新聞」である。今秋、本学のキャリア教育の目玉に日本経済新聞の協力を得て、その名も『新聞で学ぶ、経済の動きとしくみ』という特別講座を導入することになった。

「そんなオールドメディアの極みを……」との声も聞こえそうだが、さにあらず。僕自身、この企画に関わって、新聞の新しさを図らずも再認識してしまったのだ。

なんと新聞はオンデマンド・メディアだったのだ。四十頁の朝刊の総文字数は約二十五万字、厚手の文庫本一冊分はある。「全部読むのは勧めない」と新聞社の人ですら言う。要は自分の関心に合わせて、見出しを使ってつまみ食いするのが正しい読み方なのだ。

「新聞は縦に折って読む」ということも教わった。なるほどそうすれば肩幅に納まるし、めくりやすい。そうか、モバイルメディアでもあるのだ。しかも情報がモノとして残るのがよい。コピペより切り抜いて赤線を引いた方が、使えるフレーズとして頭に入る。

ふと思う——僕らはこの身体感覚を忘れていたのだ。

二百五十人が受講するこの講座で、学生が一斉に新聞を開く光景は壮観だ。身体を使ってメディアに向き合えば、記者が描く現場にも手が届く。

「社会が遠くに感じる」なんて言ってる場合じゃない。「動かなきゃ」という気分にもなる。新聞、やるなあ。

㉛ 怪人、戦後七十年に逝く（2015.11）

十一月三十日、水木しげる先生が亡くなった。

不意を突かれたとしか言いようがない。「もうだいぶ人間の部分が少なくなった」とおっしゃっていた先生だ。随分前からヒトを卒業する準備は進めておられたのだろう。あの激戦のニューギニアでも命は持っていかれなかった。だからその準備は周到だったのだろう。

今や正真正銘、本来の姿の妖怪に戻られたのだ。全くもって「お悔やみ」が不似合である。むしろ人間界にこれだけの大切なものを残してくださったのだ。本当に感謝の言葉しかない。

漫画家としての先生は、一般には『ゲゲゲの鬼太郎』『河童の三平』が代表作として語られることが多い。しかしこれら「妖怪もの」だけでなく、むしろ「戦記もの」「人物伝」に読むべき作品が多いと僕は思っている。

『敗走記』『総員玉砕せよ！』など、自身の経験をもとに書かれた作品に、僕はそれまでのどのドキュメンタリー映像よりも前線のリアルを感じた。

戦争の本質は理不尽にある。人間を人間として生きさせない強制力がある。

それを象徴するのが、繰り返しコミカルに描かれたビンタのシーンだった。「人物伝」で強く印象に残ったのは『劇画近藤勇』『劇画ヒットラー』である。いずれも「破滅」が主題だ。歴史の理不尽さに飲まれていく小さな個人として彼らを描く筆致は、読む者を悲しみに引き込む。

先生は、漫画家というよりも「歴史家」であり「哲学者」であった。妖怪の世界と出会った少年時代から現代まで、自らの作品を織り交ぜながら記した大著『コミック昭和史』[12]は圧巻である。ここに先生の全ての要素があるとさえ思う。

全八巻中五巻が戦争の時代を描いているように、先生にとって昭和の核心とはまさしく「戦争」だったのだ。

そう考えると「戦後」への問いは至ってシンプルである。「我々は本当に幸福になったのだろうか」「あの理不尽さから逃れることができたのだろうか」――ちっぽけな人間と巨大で暴力的な運命の隙間に見つけた、恐怖とコミカルさの半身的存在――それが「妖怪」だったのかもしれない。

戦後七十年に先生は逝った。そのことの意味を、僕は今噛みしめている。

12 水木しげる『コミック昭和史』一〜八巻（講談社、一九九四）【読書ノート33】

㊷ 総括ができない二〇一五年　（2015.12）

年末だから、二〇一五年を総括する何かを書きたいと思い、あれこれ振り返ってみたが、正直何を書いていいのかわからなくなってしまった。

日本漢字能力検定協会が毎年発表している今年の漢字は「安」なのだそうだ。読む人によって意味解釈が分かれそうな着地点だな、というのが率直な感想だ。確かに今年ニュースになったことがらには「安」の文字は多かった。でもそれが今年の気分を代表しているとは思えず、なんだかもやもやする。

ここ数年、僕は紅白歌合戦を見ながらツイートすることを個人的恒例行事にしてきた。しかしそれは楽しいからというより一種の研究者としての義務感に駆られてのことだった。今年はその意欲も完全に失せた。時代を歌う国民的ヒット曲は遠い過去のものになった。ノスタルジーとマニアの祭典――いずれも閉じた快楽には変わりない。

三大ニュースを挙げるなら、オリンピックと安保法制とイスラム国だろう。共通しているのは「どこで何が行われているかわからない」ことだ。十八歳選挙権だってマイナンバーだって、いったい「誰の、何のための」ものかわからない。この半端ない「蚊帳の外」感をどこへ向けたらいいのだろうか。

「一億総活躍社会」「積極的平和主義」——奇妙な日本語が次々と生まれた。言葉とそれが指し示すべきモノとの決定的な隔たり。こんな「ポエム」は新人コピーライターだって書かないだろう。キラキラネームが日本語全体を覆っているといったらいいのか。

戦後七十年は、個性派の知識人たちを次々と遠くへ連れて行ってしまった。彼らの言葉に共通していたことは、残酷さに関するリアリティだった。野坂昭如は『火垂るの墓』の映画を最後まで見ることができなかったという。彼の存在すら知らない高校生たちは、今日もスマホ・ゲームで何万もの架空の命を奪っている。

僕がもし今年の漢字を決めていいのだったら、迷わず「離」を選ぶ。現実を生きているはずなのに、他者と日々向き合っているはずなのに、その存在に届かない。その底には、間違いなく「つなぐ」役目を放棄したメディアの機能不全がある。

この「現実」から目を「離さない」こと、それがせめてもの二〇一六年に続く、生きる抵抗である。

Introduction

道の途中で

前年四月、突然の人事で東海大学の「キャリア就職センター所長」になった。最初は「うわっ」と思ったが、見よう見まねでマネジメントをこなしてみると、大学というものを考えるにおいてずいぶん眺めのいい場所に来たものだ、と感じる。

この職についてから、「旅人度」は上がる一方だ。ついに「二泊三日で、バンコクへ」のあと三時間仮眠をとって夕張へ行ったりという移動が日常になってしまった。瞬間移動のごとく、西へ東へ。

戦後七十一年目は、変化の年と位置づけられそうだ。オバマの広島訪問に続き、天皇の「お気持ち表明」。僕たちはいったい何を後世に残すべきか。広島の式典に二年続きで出席し、夏になると沖縄の「記憶」の場へと足が向かう――アーカイブ研究もますます「地に足がついた」ものになっていく。

そこに起こった熊本地震。「当事者とは何か」という問題を突き付けられ、五年前を思った。そういえば二〇一六年は、夕張の財政破綻状態の発覚からも十年目である。時の経過を、どのように認識するかという課題において、二〇一六年は「惑星直列」的状態になっている。

ポケモンGOの話題を見ていると、全く一〇〇%の「理解不能な新しさ」なんてないのかもしれない、なんて思う。気がつけば「朝ドラ」も「真田丸」も元気である。しいて言えば、この「古びれない」感覚自体が「新しい」のかもしれない。僕自身、もっとも古い「視聴覚メディア」である映画を、毎月見る会を開こうなんて酔狂のことを始めている。

忙中閑あり――このハイブリッドな時空間感覚こそがデジタルな「生」なのかもしれない。古い政治や経済の怨霊に取りつかれている人々は、それに早く気づけばいいのに、と思う。

2016

平成28年

2016

1月2日	中国が南沙諸島の人工島で試験飛行を行ない、日本、アメリカ、ベトナムが非難。
1月13日	アイドルグループＳＭＡＰが解散する可能性が出てきたことが報道される。
1月16日	台湾総統選挙の結果、民進党の蔡英文が初当選、台湾初の女性総統が誕生した。
2月23日	中南米でのジカ熱の感染流行を受け、ＷＨＯが緊急事態を宣言した。
3月11日	東日本大震災から5年。
3月22日	ベルギー、ブリュッセル空港、地下鉄駅で同時爆発事件が発生。
3月26日	北海道新幹線が新函館北斗～東京間で開業。
3月27日	民主・維新の両党などが合併した新党「民進党」結党大会が品川プリンスホテルで開催された。
3月28日	ブログに端を発し、国会で論戦になった待機児童問題に対し、厚生労働省が緊急対策を発表。
3月29日	平和安全法制が施行。
4月13日	シリアで人民議会選挙を執行、アサド政権与党のアラブ社会主義バアス党（ＢＡＳＰ）が圧勝。
4月14日	熊本県にて現地時間午後9時26分頃、マグニチュード6・5の地震が発生。
4月16日	熊本県にて現地時間午前1時25分頃、再びマグニチュード7・3、最大震度7の地震が発生。14日の地震はこの地震の前震とされた。
5月9日	フィリピン大統領選挙で、ロドリゴ・ドゥテルテの第16代大統領当選が決まる。
5月26日-27日	第42回先進国首脳会議（Ｇ７サミット）が、日本の三重県・伊勢志摩で開催された。
5月27日	バラク・オバマが現職アメリカ合衆国大統領として史上初めて、かつて同国により原子爆弾が投下された広島市を訪問。
6月12日	アメリカ・フロリダ州のゲイナイトクラブで銃乱射事件発生、50人が死亡する大惨事となった。ＩＳＩＬ系のサイトで事実上の犯行声明が出されている。
6月15日	東京都の舛添要一知事は、政治資金の私的流用疑惑などを理由に、この日行なわれた東京都議会の本会議に先立って辞表を議長に提出。
6月23日	イギリスの欧州連合離脱是非を問う国民投票が執行され、欧州連合（ＥＵ）離脱支持票が過半数を占める投票結果となる。
6月30日	携帯マルチメディア放送の「ＮＯＴＴＶ」がサービスを終了。

7月1日　バングラデシュ・ダッカ市内のカフェレストランで、武装集団による襲撃・人質立てこもり事件が発生。日本人7人ほか15人が死亡。

7月6日　ポケモンＧＯがサービス開始された。リリース国では、歩きスマホ増加を初めとして、様々な事件や事故が起き、社会現象化。

7月10日　第24回参議院議員通常選挙投開票。自民党が単独過半数にあと1議席に迫る56議席を得る。

7月13日　イギリスでデーヴィッド・キャメロンが退陣し、第76代首相にテリーザ・メイが就任。

7月15日-16日　トルコで軍の一部によるクーデターが発生、未遂ながら２００人を超える死者を出す。

7月26日　相模原市で障碍者施設殺傷事件が発生。19人が死亡し、戦後日本で過去最多の大量殺人事件となった。

7月31日　東京都知事選挙投開票。無所属新人で元環境大臣の小池百合子が当選。

8月5日-21日　第31回夏季オリンピック・リオデジャネイロ大会開催。

8月7日　大リーグ・マーリンズのイチローが史上30人目のＭＬＢ通算３０００本安打を達成。アジア人で初の快挙。

8月8日　天皇陛下が生前退位問題に対してのお気持ちをビデオメッセージで発表。

8月15日　自由と民主主義のための学生緊急行動（ＳＥＡＬｓ）が、最後の動画メッセージを残し解散。

9月17日　「週刊少年ジャンプ」に１９７６年から連載されていた、秋本治『こちら葛飾区亀有公園前派出所』が終了。

9月22日　タックスヘイブン（租税回避地）に設立された法人に関する電子ファイル・バハマ文書が、パナマ文書に続いて公開される。

10月13日　ノーベル文学賞をボブ・ディランが受賞。受賞理由は「偉大な米国の歌の伝統において新たな詩的表現を創造した」と発表された。

10月18日　沖縄本島北部で進む米軍北部訓練場のヘリパッド建設に抗議する市民に対し、機動隊員が暴言を吐く映像がＹｏｕＴｕｂｅで公開。

11月1日　韓国で朴槿恵大統領の親友の民間人の女性が、国政に介入したとして緊急逮捕された。

11月9日　アメリカ合衆国大統領選挙で共和党ドナルド・トランプが民主党ヒラリー・クリントンを退けて、当選が確実となった。

11月15日　自衛隊南スーダンＰＫＯに対し、20日から順次派遣される第11次隊から「駆け付け警護」の任務を新たに付与することが閣議決定された。

⑧③ まる五年という時間　（2016.1）

もうすぐあの日が来る。二〇一一年三月十一日。五年経ってなお切実に思う、あの日からすべてが変わったと。

年明けてすぐ、大きな被害があった仙台市荒浜に行った。「荒浜再生を願う会」の定例ミーティングに参加した。メンバーの方々は、この数ヵ月で会が目指す方向が動き始めたと言う。

「災害危険区域」に指定され、この地域に住むことができない――これまでは、なんとかそれを覆せないかともがいてきた。しかし防潮堤が出来上がり、かさ上げ工事も進み、新しい「海辺」と向き合う時間が始まった。「住めないなりに、どのように地域の記憶を残し、賑わいを作っていくかに発想が切り替わった」と言う。

地下鉄東西線の開通も、沿岸被災地域の暮らしに、大きな転機となった。ちょうど終点荒井駅周辺の再開発が、移転先も含めた、被災地域の「新しい生活」の具体化とイメージが重なった。駅の構内には「せんだい3.11メモリアル交流館」が設置された。荒浜をはじめ、蒲生、閖上など沿岸地域の横の連携拠点となることが期待されている。

「交流館」の壁には、往時の記憶と、未来の暮らしを描いたイラストが、日々加えられている。あれから五年。被災地は過去と現在と未来をつなぐ、本当の意味での節目を迎えつつある。復興はかたちを整えるだけでは終わらない。「暮らしをつくる復興はここから始まる」と人々は口々に言う。

昨秋に訪ねたとき、気仙沼の友人は「いまはちょうど、〝かさぶた〟ができた状態だ」と言った。傷口が新しい皮膚で覆われはじめている。だからこそ、それは丁寧に、柔らかく包み、はがしていく必要がある。震災時の中学生がもう大学生になる。人間の成長と地域の歴史は、どこか似ている。

歴史的節目の直後の出来事は、意外にも記録に残りにくい。阪神大震災の後の五年もそうであった。もっと言えば、七十年前の終戦後五年間の記録も、その前後に比べると著しく乏しい。激しく傷ついた人々が、社会の変化とどう向き合ったのかという大切な事柄ほど、これまでは記録されにくかった。

メディアの世紀に生きる僕らが、この五年間をどう記録するのか。未来がどう評価するかを考えると身が引き締まる。全てが、いまだ過程にある。

⑧④ バンコクで考えたこと（2016.2）

本当に、しばらくぶりに海外に行った。羽田の国際線も初めて利用した。一般的に大学の教員は、学会や研究でしょっちゅう海外に行くイメージがあるかもしれないが、地域映像をテーマにするようになってから、国内を隈なく回る方にエネルギーを費やすようになり、それとともになんとなく国外への足が遠のいていた。

振り返れば二十〜三十代はむしろ逆で、羽が生えたように海外ばかり行っていた。もちろんその大半は仕事であったが、ヨーロッパ、アジア、そして北アフリカまで、どの町でもオフタイムには必ず散策に出かけた。それぞれの町には特有の色があり、匂いがある。気温や湿度、埃っぽさまで、人々の「暮らし」の一部となっている。

はじめてのバンコクは、すぐにそうした感覚を思い出させてくれた。夜、エアコンの効いたホテルを出て、ショッピングセンターから女性たちが立ち並ぶ裏通りまで歩き、風の気持ちいいテラスでビールを飲んだ。耳に入る言葉は全くわからない。でも、むしろその「わからない」ことが、ほっとさせてくれる。

部屋でも、タイの情報番組やコマーシャルなどを、肩から力を抜いて楽しんだ。言葉はわからなくても、映像表現の癖は感じとれる。モザイクの入れ方、コメンテータのリアクションなど、ちょっとしたことで何を大切にしているかを読むことはできる。

日本から来て、この町に暮らす方々の話を聞いた。いろいろな人生があるもんだなあ、と率直に思った。それぞれに「今、ここで生きることが必然だ」と言わんばかりに胸を張っている。でも「自信が漲っている」という感じとは違う。立ち振る舞いが自然なのだ。

ある人が「異文化とは、基本的には理解できないものだ」と言った。それに気づくことが本当の「異文化理解」なのだと。他者への寛容さ、それがなければ海外では暮らしていけない。バンコクで聞いた話だからこそ、妙にストンと納得できたのかもしれない。

帰りの機内で、「縮み志向」がすっかり常態化した僕らの国のことを思った。それとともに、僕自身も、歳とともにちょっと内向きになっていたかな、と反省。

異文化との出会いはまさに心のリセットのチャンスでもある。

㊎ 朝ドラの復権と現実 （2016.3）

二〇一五年度後期のＮＨＫ朝の連続テレビ小説『あさが来た』が、好調をキープしたまま最終週を迎えた。なにしろ三月二十一〜二十六日週の平均視聴率が二三・六％（ビデオリサーチ）で、このままで行くと、二〇〇一年以降で最高の視聴率となるらしい。

このところの「朝ドラ」には、「女性の人生」というかつてのライトモチーフとは異なった傾向を見ることができる。その一つが、実在の人物をモデルとした、日本の近現代史モノが「当たり」をとっている点だ。『ゲゲゲの女房』以降、『カーネーション』『ごちそうさん』『花子とアン』『マッサン』などへの評価がそれに当たる。

そしてもう一つ。主人公は、かつての自立した頑張る女性像一本やりではなく、やさしい旦那様と二人三脚で豊かな人生を送る。しかも水木しげるの向井理、西門悠太郎の東出昌大、マッサンの玉山鉄二と、錚々たるイケメンが物語を盛り上げてきた。

『あさが来た』には、まさにこの二つの要素がばっちり入っている。

モデルとなった広岡浅子は大物だ。しかも五代さま（ディーン・フジオカ）、新次郎（玉木宏）とイケメンがダブルで来たとなれば、贅沢さは相当なものだ。

当初心配されたのは、前半の設定が明治維新前であったことだ。「朝ドラにちょんまげは似合わない」と勝手に決めつけていた。でも『あさが来た』はそんなことは軽々と乗り越えてしまった。このあたりには、ヒロイン波留のハイカラな雰囲気が、大きく貢献しているのかもしれない。

「朝ドラの大河化」という人もいる。でも、この変化はもっと大きな意味を持っているように思えて仕方がない。それは「女性の目線で、近現代の成立を読み直す」アクチャリティーと言ったらいいだろうか。

唐突かもしれないが、ネット発で政治を動かすに至った「保育園落ちた、日本死ね」騒動のことを考えた。未だにマッチョで鈍感なオヤジ的現実との泣きたくなるようなコントラストを。

一方のオヤジ向けの「大河」は、ここ数年迷走を続けている。

そんな中、三谷幸喜は『真田丸』に思いきりコメディー要素を注入してきた。滑稽な武将たちの姿を見ながら、ドラマは本当に世界の鏡だなあ、としみじみ思った。

㊱ 当事者の縁にて　（2016.4）

熊本地震の本震の朝、阿蘇キャンパスの親しい教員からの一本のメッセージで目が覚めた。テレビをつけた。あの美しい阿蘇大橋が、影も形もなかった。からだ中に電気が走った。

東日本大震災のとき僕は何をしていただろう。色々なことが頭を駆け巡る。すぐにその時と今回の違いに気づいた。災害がキャンパスを直撃している。まず学生たちを守らねばならないと。

残念ながら三人の学生が亡くなった。

この悲しみには、どんなに言葉を尽くしても足りない。現場は遠い。湘南キャンパスからの支援は、もどかしさとの戦いであった。乏しい通信手段が、微かなコミュニケーションの糸を攪乱させる。焦りと疲労が言い間違いと誤解を増幅させる。それでもなんとか二次被害を防ぐべく手を打つ。結果が少しずつ見えてくる。

僕は対策本部で、テレビと新聞、ネットの動きに目を光らせていた。同時に大学としてのオフィシャルな情報発信も手伝った。情報の「内と外」の境界線に僕はいた。当事者の縁から見るメディアの世界はあまりに複雑だった。

発災から三日目の月曜の午後。一部のボランティアを志願した者を除く学生を乗せたバスが阿蘇キャンパスを走り出した。その報を受けたとき、僕は大きく息をついた。しかしここからが、メディアとコミュニケーションの課題は本番になる。

授業で何度も口にしていたはずなのに「デジタルメディア社会」の怖さを僕は経験的に理解していなかった。テレビとネットの本質的な違いも、この三日間で改めて理解した。何よりも僕らが普段から使う言葉、その意味をわかって使うことの大切さを痛感した。

災害対策は長期戦である。課題は安全から生活維持へ。大学は、避難している学生のケア、熊本・阿蘇の両キャンパスの被災状況の確認を行ない、授業再開に向けての計画を進めるフェーズに入った。しかし相変わらず先を読むことは難しく、動向は不安定である。

学生たちや教職員のストレスも蓄積していく。メディアやデジタル・コミュニケーションの動きに対しても、瞬発力よりも細かな配慮が要求されるようになる。理論的に得た知識を、全て実践の場で返していかねばならない。

緊張の日々は続く。

(87) オバマの立ち姿　（2016.5）

バラク・オバマ*26が合衆国大統領として初めて被爆地広島を訪れた。被爆者と言葉を交わし、そしてメッセージを発した。その瞬間をキー局は（あのテレビ東京ですら）逃すまいと特番を組み、CNNは全世界に向けて中継した。

既にレイムダックと呼ばれる時期に入ってのベトナム、広島訪問。もちろんサミットの機会を利用してのことだが、メディアには絶賛からその意味に疑問を呈する声まで、様々な反応が上がっている。当然のことだろう。二〇一六年五月二十七日のイベントには、それだけの歴史的インパクトがある。

平和記念公園における一連のシーンに、僕は、二〇〇八年の大統領選を勝ち抜いたときの彼の立ち姿を重ねていた。

〝CHANGE〟のスローガンを掲げ、スピーチで何度も繰り返した〝Yes, We Can〟は流行語になった。オバマは最初からずっと、理想と希望を臆せず口にする政治家だった。

そして今回、映像を見ながら改めて気がついたことがある。

それは彼の目線の角度である。カメラ目線でも、壇上から聴衆を見下ろすも

＊26　第四十四代アメリカ合衆国大統領。二〇〇九年一月の就任からわずか三ヵ月後、四月五日にチェコ共和国の首都プラハにて核廃絶へ具体的な目標を示した演説を行ない、この年のノーベル平和賞を受賞した。オバマ政権の八年はこうした理想主義と現実の政策上の困難に引き裂かれてきた。それは『メディア分光器』が見続けた八年でもあった。

のでもなく、多くの時間それは、斜め上三〇度のバニシング・ポイント（消失点）の彼方にフォーカスしているように見えた。

かつて多くのアメリカ国民は、彼と眼差しを合わせることを楽しんだ。しかし今はどうだろう。遠くに目線を向けても何も見えないことに気づき、むしろそのことを不安に感じるようになっている。今回の大統領選のムードは、あの頃と一八〇度反対である。

所詮、オバマはイメージ戦略に成功しただけだという人もいる。しかし、テレポリティクス（テレビ映りが政治を支配する）時代に入ってから、多かれ少なかれ政治家の振る舞いには、ショーの要素がちりばめられていると考えるのは当然のこと。むしろ我々は、そのイメージがどのように造られたのか、その作為はどこにあるのかに、しっかりと目を凝らす必要がある。

オバマの立ち姿には変わらぬ清新さがあった。

むしろ彼の理想の遠さには、八年という任期は短すぎたのかもしれない。彼のスピーチの主語が、なぜいつも〝We〟なのか。改めてその意味が心に響いた。

彼は再び我々に、希望に向かって目線を合わせることを求めているのだ。

⑱ 夕暮れに浮かぶ本質　（2016.6）

「学前夕暮れシアター」というプロジェクトを始めた。

地域志向教育研究経費（トコラボ）の助成を受け、小田急線駅前の東海大学サテライトオフィスを映画の定期上映施設にしてしまおうという目論見だ。

かつて「映画館」は、地域文化を支える施設として市制施行の条件にも盛り込まれていた。しかし昨今の映画界はシネコンを中心とした興行重視に塗りつぶされ、独立系・中小規模の映画館は絶滅の危機に瀕している。映像表現がただ消費されるだけの対象となってしまう流れに、抵抗を示したかった。

六月二十四日、「学前夕暮れシアター」のプレ上映会に選んだ作品は『ジェンダー・マリアージュ』。

アメリカの同性婚を巡る裁判のドキュメンタリーである。二〇〇八年、カリフォルニア州で可決した「提案8号（異性以外の結婚を認めない法律）」に対し、人権侵害訴訟を起こした二組のカップルと弁護士たちの闘いの物語である。

二〇一五年六月、アメリカの全ての州で同性婚が認められてから一周年を記念した三日間にわたる「全国一〇〇箇所一挙上映」企画に参加することで、僕たちの「シアター」のプレ上映会は始まった。「ここではないどこかと、映像でつながる」をキャッチフレーズに掲げたプロジェクトにふさわしい、オープニング作品だった。

同性婚が題材となっていることに、抵抗がある人もいるかもしれない。しかし描かれているのは「幸福を追求する権利とは何か」という単純な問いである。それを象徴するシーンが冒頭にある。レズビアンあるいはゲイであることを「選んだのか」との質問に彼らは明確にＮｏと答えた。避けがたい宿命的な属性を理由に差別される——これこそが人権侵害の本質である。

権利を求める闘いの最大の武器は「言葉」であることを余すことなく示した作品でもあった。

ネガティブな意味ではなく、「裁判の国アメリカ」という国の実像がよく透けてみえた。自由や幸福という概念を対象化する方法を、多くの普通の人が共有している社会は羨ましく思えた。

「学前夕暮れシアター」は、前後をトークで挟み、日没とともに上映を始める。〝ミネルヴァの梟〟と定期的に出会える場に育てていきたいと思う。

89 ポケモンGO狂想曲　（2016.7）

メディアは「ポケモンGO」[*27]の話題でもちきりである。たかがゲームというなかれ。株価が急激に上がったとか、軍事施設への侵入、関連事件や事故のニュースが相次ぎ、これぞ「社会現象」といわんばかりの賑やかさである。

七月二十二日、日本でのダウンロード開始日、朝からキャンパスではプレイする学生たちを見かけた。twitterのタイムラインには「こんなところにも」的な画像が並ぶ。翌日、出張した大阪の繁華街でも、広島の平和記念公園でも、人々はスマートフォンを見つめては立ち止まり、にやにやしていた。

ネット上は評論ラッシュである。ゲーム愛好家からビジネス、社会学、心理学の専門家まで。それだけ現象は多岐にわたっており、突っ込みどころも満載ということなのだろう。しかし、不思議と批判的なトーンが目立たない。これほど多くの人が実際に触れているのだ。敵に回すことは簡単ではない。

僕は現段階、まだプレイしていない。遊ぶ時間もなく、あまりゲーム自体に夢中になった経験のない僕は、ここ数日、喧噪に馴染めないまま、ぼんやりと二つのことを考えていた。

*27　任天堂のゲームボーイソフトやカードゲームから出発し、世界的ブームとなった「ポケットモンスター」のキャラクター（モンスター）たちを、世界規模の陣取りゲーム（位置ゲー）「Ingress」を基とする拡張現実（AR）アプリで、リアルスペースの中でハンティングするゲーム。二〇一六年七〜八月に世界でリリースされると、爆発的ヒット。立ち入り禁止区域への侵入や、注意散漫による交通事故多発など、社会問題化した。

ひとつは「リアルとファンタジー」の関係について。ずっと「ファンタジー」は逃れがたい現実があって初めて生み出される異次元の物語だと考えていた。しかしこうやって「リアル」に介入してくるモンスターたちを見ていると、その関係はすでに逆転しているのかもしれない、と思わざるを得ない。

もうひとつは「ポケモン」という存在の文化的な巨大さである。今回の騒ぎもおそらく他の題材であれば、母体となった「位置ゲー」ingressを超えるものにはならなかっただろう。

「ポケモン」は既に二十年の歴史を持つ。第一世代から常にコンテンツを増殖させつづけたパワーには、エンタテイメントの本質に関わる何かがあるはずだ。ブームに乗っただけの人は、二週間ももたずに飽きるとの予測もある。この原稿が活字になる頃にはもう結果は出ているかもしれない。しかしポケモンGOのインパクトとは、多くの人々が一瞬とはいえ、この奇妙な空間と身体のシンクロ感覚に群がり、興奮したという事実にある。

「ポスト・ヒューマン」の時代は、案外こんな日常から始まるものかもしれない。

⑩ 戦争の記憶を受け継ぐということ　（2016.8）

八月六日、僕は昨年につづいて広島の平和記念公園にいた。全く同じ時間に繰り返されてきた記念式典にもかかわらず、七十一年目のこの日はこれまでと違った決意に満ちていた。

この五月、現役大統領として初めて被爆地に立ったオバマ氏の言葉を引用し、松井一実市長は「あの『絶対悪』を許さないという思いを基に『情熱』をもって『連帯』せよ」と強いトーンで「平和宣言」を発した。

それ以上に感動的だったのは、子ども代表の二人の小学生の「平和への誓い」だった。二人は市長に続き、生々しい証言を織り込み、「私たちには、被爆者から託された声を伝える責任がある」と訴えた。

前日、広島市役所で開催された「青少年平和の集い」でも、全国から派遣された小・中・高校生の子どもたちは、同様の決意を言葉にしていた。ホスト役の広島の子どもたちは、式典後、実際に公園で慰霊碑の案内役を務めた。

確かに昨夏には「七十年目」が忘却に向かう区切りになることへの危機感があった。しかしオバマ氏来日を機に、微かではあるが、それに抗う「希望」が芽生えはじめているように感じた。

　昨年から始まった伊勢原市と僕の研究室との共同事業「戦争体験インタビュー」も、計十名の映像が収録されるまでに至った。そして今年は、それらを活用し、さらに多くの声を集めるワークショップ開催へと広がった。

　ファシリテーターの大学生と参加した九名の体験者との対話は、「図」として記憶される悲惨さに対し、その「地」をなす日常や生活思想を浮かび上がらせた。戦争体験は経験者の数だけ多様である——これもまた、あまり意識されてこなかった真実であろう。

　八月末の『学前夕暮れシアター』では、仙台から小森はるか氏、瀬尾夏美氏を招き、『遠い火——山の終戦』展を開催した。

　東北の山間部で体験された戦時期の日常は、その声に丁寧に耳を傾けた若い二人のアーチストには、震災の経験に重なって聞こえたという。

「七十年の彼方の出来事」ではなく、「いま、ここ」に引きつけ、自分たちごととして語る、若い世代の取り組みがあちこちで始まっている。

　おそらくアーカイブには、それらを支えつづける役割が、期待されていくのだろう。

⑼①「沖縄」は何を語るのか　（2016.9）

ここ数年、夏になると、沖縄が僕を呼んでいるような気になり、あの痛いほどの強い日差しが恋しくなる。

二〇一三年夏、沖縄大学とＮＨＫのシンポジウムに参加、一四年は沖縄県立芸術大学の先生方による研究会に、昨年は琉球大学で開かれた日本平和学会に参加した。そのついでに「戦争と記憶」の痕跡を求めて歩き回った。

今年は第十四回市民メディア全国交流集会（メディフェス）がシルバーウィークの最中に開かれた。ＦＭよみたんのクリエイティブな事業展開は、圧巻だった。目から鱗がボロボロ落ちた。

合間に、沖縄県公文書館を訪ねた。一三年に活動を終えた「1フィート運動*28の会」の収集映像が、琉球朝日放送の手でデジタル化され、昨年から公開が始まったことを聞いていたからだ。「1フィート運動」については、その運動自体の政治性がしばしば取り沙汰されてきた。しかしそれよりも何よりもその「資料」としての価値――いったい集められた映像には「何が」「どう」映っているのかを分析的に考える必要があると前々から考えていた。

＊28　一九八三年十二月「子どもたちにフィルムを通して沖縄戦を伝える会」（通称・沖縄戦記録フィルム1フィート運動の会）が設立。アメリカ国立公文書館などに所蔵されている沖縄戦の記録フィルムを一人1フィートを購入することで沖縄戦の実相を伝える目的で活動を続けてきたが、二〇一三年三月、参加者の高齢化と一定の活動成果が得られたとして解散した。

ようやくそのチャンスが来た。しかしDVD三十四枚、約三十時間超の膨大な記録に向き合うのは容易ではない。この日はほんの「さわり」を視ただけである。それでも十分衝撃だった。僕がこれまで見聞きしてきた沖縄戦の印象とは全く異なるものだったからだ。

公文書館では、資料情報をかなり詳細にウェブに公開し、映像についても有料複写の案内までアップしてある。滞在時間が限られた研究者には、まさに「かゆいところに手が届く」サービスだ。僕は安心して公文書館を離れた。

摩文仁の平和記念資料館も久々に訪ねた。改めて見る展示のきめ細かさ――特に証言ゾーンの空間に仕込まれた様々なサインの織り成す迫力。浅薄な歴史観を、感性が激しく揺さぶる。

これらの場所には、沖縄でメディアやアーカイブに携わる人々に共通する「思い」が溢れている。もっともっと「沖縄」を知ってもらいたい――だから自らを開く労を惜しまないのだ。

「リゾート」と「抵抗」、そんなわかりやすい二つのシンボルに分断せず、まるごと受け止めて欲しい――瀬長島のカフェテラスで夕陽を浴びて目を閉じた僕には、そんな声が聞こえていた。

(92)「ＰＰＡＰ」が教えてくれた　（2016.10）

「ピコ太郎」なるアーチスト（？）がYouTubeに上げた「PPAP」という短いコンテンツが話題だ。一分にも満たない動画だが、週間の再生回数世界一になったとか、ビルボードにランクインしたとかなかなか賑やかだ。

言わずもがなだが、「ピコ太郎」の正体は『ボキャブラ天国』[*29]ゆかりの芸人、古坂大魔王氏である。元々テクノ風味の「音ネタ」が得意で、ＥＤＭ（エレクトロニック・ダンス・ミュージック）にも通じている。十月十七日のFM NACK 5では特番「G-MUSIC 〜Back To The 50year's Music History」のパーソナリティーを務めるちょっとニッチで好きな存在だった。

そんな彼が、突然「陽の当たるところ」に引っ張り出されたのだ。そのテレビ・モニターに映る姿に、僕は今のメディアと社会の捻じれた関係を見てしまった。なんで外国特派員協会の会見に出ているのだ。なんだか涙が出た。「ブームはネットからやって来る」もはやワイドショーの制作者たちは、すっかり信じて疑わないようだ。その一方で、相変わらずのベタな「グローバル礼賛」。マジなのか、ギャグなのか、それとも単なる野次馬なのか。

＊29　一九九二年十月から二〇〇八年九月まで続いたタモリがMCを務めたお笑いバラエティ番組。当初は視聴者からの「もじり」「ダジャレ」投稿をベースにしていたが、一九九六年十月以降は「若手芸人の登竜門」化し、爆笑問題やネプチューンなど、多くのタレントを輩出した。この番組ゆかりの芸人たちを「ボキャ天世代」という。

「PPAP」自体は、よくある破裂音を使った言葉遊びに過ぎない。スキャットマン・ジョンから、「おっぱっぴー」（小島よしお）まで、数限りなく先例はある。一気に広まった理由についても、説明するのはさほど難しくない。僕が首を傾げてしまうのは、「笑えるけど、その程度」のコスプレを放っておいてくれない、この感じだ。

リオでは首相がマリオに扮し、ハロウィンでは都知事がリボンの騎士になった。それを本当にみんなが「マジ」でやっている。古坂大魔王はそれを十分わかっていて、「ピコ太郎」を演じているんだとは思う。でもきっとメディアはお構いなく、本人まるごと消費しきってしまうのだろう。

問題なのは、そうこうしているうちにあらゆるものが「陽の当たるところ」に連れ出されて、安心して「遊べる」アンダーグラウンドが無くなってしまうことだ。偽善と空虚さで埋め尽くされる社会。

首相も一度は持ち上げて落とされて、消費されてきたキャラクターだった。道理で、いつまでも「そこ」に居ようとするわけだ。

㊈③ 世界中のドナルド・トランプへ　（2016.11）

起こってしまったことは、素直に認めねばならないだろう。とはいえ、十一月九日から数日は、正直ショックで朦朧としていた。ただただ言葉を失うしかなかった。

確かに接戦だということは知っていた。「嫌われ者同士の大統領選」「消去法の選択」とも言われていたことも。でも、政治は基本的に「好き、嫌い」で決まるものではない、最後は理性的な判断が下される——それが民主主義の原理だと、どこかで頑なに信じていた。それが根こそぎ否定された。

最もショックだったことは、彼が選挙戦中、あるいはその前から公然と口にしてきた人種差別的、女性蔑視的、非協調的極論、暴言の数々が「肯定された」ということだ。「あれはパフォーマンスであり、就任後はそんな馬鹿はしない」という人もいるが、その発言の事実は消えることはない。

社会の閉塞感が、既成権威への反感を煽ったという説明もなされた。しかしむしろそれは、かつての民主党を支える声だったのではないか。

クリントンが女性やマイノリティの人権を代表する者ではなく、鼻につく

「エスタブリッシュ」にしか見えなかったのは、敗れた彼女の責任なのだろうか。

敗れたのは、対立候補ばかりではない。世論調査も、真の動向を伝えきれなかったメディアも惨敗だった。

裏切られたといえば、州単位で選挙人を割り当てる制度自体の問題も露になった。制度や仕組みの前提となっているものが既に怪しくなっている。脆弱な地盤の上には、ビルは建てられない。

アメリカが特別なのではない。ブレグジットで気づくべきだった。欧州で広がる脱ＥＵの動きは、政党が政策レベルで争うことが困難になったことの証だ。他者を排し、小さく固まることを求める人々は、自分たちの力で社会を背負うことから逃げ始めている。その点でいえば我が国も同じだ。――これが民主主義の危機の本質なのだ。

気がつけば、そこら中にドナルド・トランプがいる――その認識から僕らはやり直さねばならないのだろう。そして彼らの言葉を注意深く聞き、その綻びに、丁寧に言葉を返していく。

イメージと熱狂に振り回される社会と決別するには、その原点に立ち返るしかないのだ。

INDEX II —— 対象を読む

揺れ動くメディア

A　それはテレビではないかもしれない

テレビジョンというメディアについて語ることが難しい時代になってきた。かつて「テレビ論」といえば番組論、あるいは新聞とならぶジャーナリズム機関としての機能が問題とされてきた。僕が本格的にメディア研究の世界に入った二〇〇〇年過ぎ頃まで、テレビという存在はその論者の関心分野別に任意に分断され、全体像を描けないままきたといえる。

テレビジョンとはいったい何者なのか――ミネルヴァの梟ではないが、その問いはまさに黄昏とともに意識されるようになった。それまで自明とされてきた「仕組み」が、この頃になってようやく、絶対的なものではないことが分かってきたからだ。そのきっかけを与えてくれた出来事は言うまでもなく、二〇〇三年十二月一日に始まった「地デジ化[*30]（地上デジタル放送への移行）」である。

もちろんテレビは一九五三年の放送開始以降、ずっと同じ姿でありつづけたわけではない。カラー放送やＥＮＧの導入、リモコンや受像機の機能向上など絶えず進化を遂げてきた。しかし「地デジ」までのテレビの技術革新は、建物に例えるなら増築や改修の範囲にあり、全面的な「建て替え」といえるものではなかった。メディアとしての生命線たる伝送方法の根幹の「アナログからデ

＊30　放送波がアナログからデジタルに変わるということは、本来はメディア横断的な技術の基層に載ることで、個別メディアの境界線がとり払われ、独立性が危うくなるということを意味する。しかし二〇〇三年十二月一日のセレモニーでは、高精細、双方向、多チャンネルといった表面的な利便性の向上ばかりがアピールされ、事業者自身もその「地殻変動」に気づいてはいなかった。

ジタル」への波の移行は、それまで問われることのなかったテレビジョンの物質的・技術的な前提を根底から覆すものだったのである。

そこにもうひとつ、ブロードバンド・インフラの広がりによって「インターネット・サービス」の勢いが加わった。その脅威が、安穏としていた放送プロパーの人々のビオトープを揺さぶったのだ。もとはといえば「地デジ」も「インターネット」も、国策としてのデジタル技術の普及促進のスローガンであるEジャパン戦略のクリーンナップだった。この挟み撃ちによってテレビジョン体制は、内部と外部の双方から浸食されていった。

その結果、永遠に続くように見えたテレビ時代も、アナログ通信技術の発展の臨界に誕生した「過程的産物」であるという、目を背けることのできない歴史的事実が突きつけられる。二〇世紀少年＝テレビっ子である僕らは、なかなかそのことを相対化して捉えることができない。生まれたとき（僕は一九六一年生まれ）はまさに昇り竜の勢いにあり、その後の「テレビの黄金時代[13]（小林信彦）」を経て、「楽しくなければテレビじゃない（フジテレビ）」とまで豪語した一九八〇年代まで、ほぼ僕たちの人格形成は、この巨大メディアとともにあった（⑦2009.9）。

しかし、それは単なるセンチメンタリズムではない。僕が『テレビジョン・クライシス』を書いた頃（二〇〇八年）に確信をもっていた「テレビに支えられ

13　小林信彦『テレビの黄金時代』（文芸春秋、二〇〇二）【読書ノート24】

た社会システムには、守るべき意味がある」という主張は、テレビと二人三脚で歩んできたこの社会の歴史が、戦後民主主義の大衆への浸透とともにあった、という確たる認識に依拠するものだった。

『メディア分光器』でも最初の数年には、僕自身の言葉にもそうした「保守的」な色が濃く表れている。「なんでも自由にモノが言える社会へ」（⑨ 2009.11）、や「テレビのあるライフスタイルの創造」（⑤ 2010.5）という物言いは、未来志向を装いながらも、実は一九六〇～七〇年代の黄金時代の沸き立つような状況の再来を内心求めるものだった。テレビジョンの黄昏という現実をなかなか認められなかった理由は、「テレビが果たそうとしてきた役割は、ネットには構造的に継承できない」という思いがあったからだ。

だから僕は、二〇〇九年から二〇一〇年にかけて、「情報通信法[*31]（通信・放送の総合的な法体系）」を巡る議論に異を唱えつづけていた。当時の僕は、この新法案策定の進め方に強い憤りを抱いていた。僕が「放送と通信は融合しない」と主張していた理由は、この法案が規制緩和の錦の御旗の下に「事業寄り」に誘導されていたからだ。僕には「放送」と「通信」の対立は、依って立つべき理念の対立――公共性vs経済の自由に見えていた。

放送の理念を支える物質的・技術的根拠は、電波を一時も休まずに「送り放つ」単純な仕組みの中にあると考えていた。例えば「番組」と「コンテンツ」

*31 二〇〇一年のIT戦略会議で打ち出されたネットワーク統合イメージに基づき、放送のデジタル化、通信のブロードバンド化が推進され、その動きを背景に二〇〇六年より「通信と放送に関する総合的な法体系」の検討が進められた。二〇一〇年の国会提出を目指して策定されたが、〇九年の政権交代により廃案となり、一部放送法改正という形態に転化する。

は違う。「報道価値」は「検索ランキング」とイコールではありえない――等々。しかしこのときの僕には、このベネフィットは、同時性・一方向性という制約下で、かろうじて実現した「公共性」の条件つき形態であるという、可能性と限界のアンビヴァレンツ（二律背反性）はあまり意識していなかった。

このことは、今日振り返ればいい経験になっている。分岐点は、やはり二〇一一年三月の東日本大震災だったのだと思う。奇しくも「地デジ化」の最終年に起こったこの甚大な災害は、メディアとコミュニケーションの両面性を強く意識づけるきっかけになっている。七月二十四日「その日（＝アナログ停波の日：被災した東北三県を除く）」（㉙ 2011.7）の居心地の悪さ。すでに物理的・技術的前提が入れ替わってしまったのに、それに気づこうとしない「大いなる凡庸さ」――僕の「苛立ち」の対象は、少し変わり始めていた。

「テレビを見ることとの社会性」（㉝ 2011.11）、「テレビとは何かという問い」（㉞ 2011.12）と、この時期（二〇一一年後半）に立て続けに書いたのは、テレビジョン体制に対する自らの「保守性」からの決別を考えていたからだと思う。その後、僕の怒りは、むしろテレビの老いや変質、歪を隠し切れなくなったことに向けられていった。ドラマはコンテンツマーケティングに引き寄せられ（㊺ 2013.9）、報道は「戦前化」していく。放送の理念は、いったいどこに行ってしまったんだろうというもどかしさで、二〇一三～一四年は悶々としていた（㊿

2013.2-4 ㊼ 2013.11)。

はっきりと変化に気づきはじめたのは、二〇一五年になってからだ。Huluや Netflix のSVODサービス[*32]の本格参入(⑯ 2015.6)や、かれこれ十年、毎年定点観測的に見続けてきたNHKの技研公開の状況を見ると、もはや実態としての「放送と通信の融合」は否定のしようがない。二〇一六年になって、僕はようやく頭を切り替えることができた。かつてのテレビジョンの栄光を支えていた物質的・技術的本質も見えてきた――それはテレビ番組が作られ、伝送され、受信・視聴されるまでのシステムの「一貫性=垂直統合構造」だったのだ。

デジタル化の本質はそれを崩し、プラットフォームに乗りうる様々なメディアを連携しうる可能性を拓くことにある。そのことをポジティブに捉えよう。もし「理念」が失われているように見えるのなら、この新たな環境を前提に、技術への理解を味方にして「構想」し直せばいいのではないか、と思うようになった。

現実は、かつて批判の対象としていた「情報通信法」の「レイヤー構造」モデルに近づいている。しかし、単に「現実が遅れて来た」わけではない。二〇〇九年段階では、視界に入っていなかったことがらも見えてきた――それは、新しい技術環境が、メディアに参加する人々の主体性を着実に育てていることだ。テレビジョンの前に、単なる受け身の視聴者に甘んじていた人々とは異な

*32 「Subscription Video on Demand」(定額動画配信)サービスの略。Netflix や Hulu などに代表される、インターネットを通じて、期間内一定料金で見たいだけ、PCやタブレット、スマートフォンなどの端末に映像コンテンツを届けるサービス。ポスト・テレビの主役との期待も。

る「オーディエンス」を迎えて、今日僕たちの課題は、どのように「公共性」の実現に向けてアプローチしていくかにある。

その目標に近づいたとき、もしかするとそれは「テレビジョン」とは呼ばれないものになっているかもしれないが。

B　オールドメディアのささやかな逆襲

二一世紀に入ってからずっと「マスメディア四媒体の衰退」が言われ続けてきた。しかし、その状況は決して一様ではない。

電通が毎年発表してきた「日本の広告費[*33]」を見る限り、確かにテレビ、新聞、雑誌、ラジオのいずれの数字も、一九九八年以降ほぼ右肩下がりに推移している。この間、唯一広告市場の拡大に貢献しているのはインターネットだ。このコントラストを考えると、マスvsネットの対立構図をついつい安易にあてはめてみたくなるが、僕たちの目の前で生じている現象は実はそう単純ではない。

そもそもマスメディアだけでなく、広告業界全体が停滞しているのだ。活況を呈しているように見えるネット広告だって、全体規模の拡大に隠れてはいるが、安定した市場の確立に向かっているとはいい難い。広告市場に登場してから二十年間、ネット業界のキープレイヤーは目まぐるしく入れ替わり、用いら

＊33　毎年二月に電通によって発表されるこの調査はかつて「広告費の増減は経済動向のバロメータ」と評する言説の根拠を提供していた。しかし、度重なる基準の見直しなどの調査方法の問題もあり、そもそも一事業者が市場を代表してこのような調査をして公正性を保てるのかなどの批判も少なくない。

れる手法も多様で安定感はない。これが「ウェブマーケティングのセオリーだ」といえる理論もなかなか出てこない。とはいうものの、一気に「市場総崩れ」という様相にはなっていない。最も大きなシェアをもつテレビがなんとか踏みとどまっているおかげだ。見ようによっては「テレビ独り勝ち」の状況なのである――「テレビ離れ」がこんなに進んでいるにもかかわらず。

要は「マスメディア」というカテゴリーが壊れはじめている、ということなのかもしれない。いやメディアだけではない。繰り返される金融危機は「マスプロダクツ」の生産と消費に支えられた世界経済がすでに終焉していることを明らかにし、また超大国を中心とした秩序に守られてきたはずの国際社会の安定は、民族紛争とテロリズムが日常化するなかで「神話」としてすら機能しなくなっている。未来を肯定し、「より大きくなること（マス化）」をポジティブなモチベーションにして、皆が先を目指せる時代はよかった。その夢が脆く崩れ始めたあと、あちこちに露出する罅や歪に、僕たちはどこまで耐えられるのだろうか。

遠くに希望が見出しにくいときは、足元に光を見出すべし――支配的な秩序の陰に隠されてきたものがふと顔を出すのは、ネガティブな現象ばかりではない。ダニエル・ブーニューはそれを「ジョギング効果[14]（モータリゼーションが発達すると、逆に健康のためにランニングがもてはやされたりするなどの例がある）」と呼

14　ダニエル・ブーニュー『コミュニケーション学講義―メディオロジーから情報社会へ』（書籍工房早山、二〇一〇）【読書ノート14】

んだが、メディアの場合、こうした先祖返り的な現象は、「マス社会」の周縁に追いやられていた多様性を大切にするという観点から、むしろ歓迎すべき機会であるといえる。

新聞やラジオは——これまで「広告費」的には「マスメディア」として一括りにされてきたが、そもそもは各々それぞれに輝いていた時代があり、テレビのない時代に遡れば、異なる歴史をもっていた。その存在は、かつてそれらが斬新でクリエイティブだったことを、今日の迷える僕たちに思い出させてくれる瞬間を与えてくれる。雑誌だってそうだ。戦後、数十万規模で発行される週刊誌や女性誌が中心になったからこそ「マス」媒体扱いがなされてきたが、本質的にはもっとスモールスケールの発信者と読者・オーディエンスを結ぶメディアだったはずだ。

ラジオは「人の声」によって形づくられている(㊶ 2012.7)。その「語りかける」「呼びかける」力が、人を孤独から救い、時には埋もれていた出来事や存在に聞き耳を立てる細やかさを取り戻す手助けをしてくれる。テレビ普及後のラジオが、そのメインエリアを主にローカルにおいてきたのは、社会の「マス化」によって失われたパーソナル、コミュナルな体温の通い合う交流を補完する役割を担っていたからだ。

雑誌はもともと自由度が高い、手作り感あふれるメディアである。「編集」

という言葉が、最もその本来のコンセプトに近い（編む・集める）機能を発揮する媒体である。テーマや読者、版型やエディトリアルデザインの多様さが（㊺2012.11）、他のメディアとは異なる参入のハードルの低さを支え、比較にならないほど多数の発行団体、フリーやアマチュアの「発信者」さらにはハガキ職人などの読者投稿文化などのインタラクティビティを担保してくれる。

新聞はテレビと並び称される「マスメディア」の雄としてこれまで扱われてきたが、これまたそもそもわが国では、昭和初期の販売拡張期以前は、それは専ら「言論」すなわち、オピニオンリーダーたらんとする人の言葉を「社会に響かせる道具」として存在していた。つまり情報のベクトルは全く逆を向いていたのだ。だから紙面という物質的存在感は、「マスメディア」機能の多くを失った今でもこのメディアの生命線を握っている（66 2014.8 80 2015.10）。

こうやって見ていくと、それぞれのメディアの構成素を担ってきた「原メディア」とでも呼ぶべき視覚、聴覚に訴える記号とそれを支える技術にも、さらに目が行くようになる。映画（㊽2013.2）、写真（⑱2010.8 ㊾2013.3）、音楽、書籍（63 2014.5）、アニメーションといったものたち。逆に言えばこれらがなぜ「マス化」の本流に乗ることができなかったか（あるいはそれらから存在を守ったか）は、フリードリヒ・キットラーの『グラモフォン・フィルム・タイプライター』[15]を読んでいるとわかる。核心は記号の流通の局面にある。

54　フリードリヒ・キットラー『グラモフォン・フィルム・タイプライター』（筑摩書房、一九九九）【読書ノート05】

テレビが電波によって時間を制御し情報の広域流通を可能にしたこと、そして映画館や幻灯機に封じ込められていた表現がなんでも乗る「感性統合の器」として機能したこと。それが社会のマス化を加速させたことは間違いない。だからこそ逆に、「マス万能」の夢を追うだけの社会ではなくなった今、「マスメディア」のカテゴリーが崩れ、テレビが代表してその機能への残された期待を一気に担うように振る舞っている意味はよくわかる。

それと同時に僕たちは、それ以外のメディアが控えめながら見せてくれるパフォーマンスの将来を考えなければならない。それはデジタル技術が、テレビと異なるどのような「統合」を可能にするのかを見ていけばいいだろう。

例えば「radiko」[*34]がインターローカル、インターコミュニティの世界を拓いてくれるように。電子書籍化[*35]や、コンテンツ・アグリゲーション、キュレーションメディアの動向を追っていくことは、むしろこれまで「オールドメディア」と言われていたものたちの「らしい」生き方と結びつく可能性を有しているのである――巷では、カードゲームとアニメから生まれた「ポケモン」が、AR[*36]技術を介して、人々に「街歩き」を促している、これもまた一つの新しい「統合」のケーススタディーである（(89) 2016.7）。

＊34 二〇一〇年四月からサービスが始まったIPサイマルラジオ配信サービス。日本全国のラジオがパソコン・モバイル端末で聴ける。聞き逃した番組の聴取やSNSでのシェアも可能。新しいラジオ・コンテンツを創造するものとして注目されている。

＊35 電子書籍には、大きく分けると、旧来の紙の印刷による書籍をデジタルデータに置き換えたものと、デジタルで記録された文字データを端末上で疑似的に目次、ページ送りなど書籍風の体裁を整えたものがある。その「体裁」の解釈、流通方法も様々であり、また音声認識やマルチメディア・AR表示、自由な二次創作や編集機能など、「読む文化」の拡張に寄与する試みも行なわれている。

＊36 Augmented Reality（拡張現実）という言葉が広まったのは二〇〇七年頃以降。それまで、ヘッドマウントディスプレイなどの重装備に頼らねばならなかったものを、スマートフォンやアップルウォッチ、グーグルグラスなどの手軽なガジェットで、現実とイメージを重ねることができるようになった。グーグルグラスは失敗に終わったが、想像界と現実界の一体化はますます進みつつある。

C　デジタルメディアの迷宮

僕のインターネットやデジタルメディアの普及に対する態度が、どうしても慎重、あるいは懐疑的にならざるを得ないのは、やはり二〇〇〇年前後のネットバブルに、当事者として立ち会った経験によるものである。僕には基本的に、ネットカルチャーは「市場原理」が生みだしたのだという認識がある。競争は必ず人々を勝者と敗者とに二分する。皆が勝ち組に入れる夢を描くことができればいいが、実際はその「夢」自体が夢である――高度経済成長の歪や、バブル崩壊を経験した僕らは、そんなに無邪気には振る舞えない。

こうしたイケイケ感は、対立とコミュニケーションの閉じへの無自覚、鈍感さを放置する。人は、他者への優越が保証され、自己を容易に肯定してくれるような空間に引き寄せられる。そしてそこでは、どうしても他者の痛みに対して気づきにくくなる。昨今とくに話題を集めるようになったネット社会の非寛容や「炎上」[*37]現象に代表される様々なリスクも、だから「ネット」という技術環境に閉じた問題ではありえない。ネットと社会は鏡の両面の関係にある。

「僕がツイッターをやらないわけ」（⑩2009.12）を書いた時のソーシャルメディアに対する戸惑いは、そこに集う人々のイデオロギー的に高揚した気分に

＊37　「炎上」は必ずしもSNSの普及が後押しした現象ではない。ネット初期においてもすでにメールやニュースグループ、掲示板で「フレーミング（相手を激高させたり侮辱したりする行為）」は問題になっていた。但し、今日はそこに特殊なパーソナリティや発言がなくても生じるリスクがある。「炎上」は間接話法的であり、ゆえに日常的である。

ある。なんで人は集団になると、そうなってしまうのだろう。「いいね」と言い合い、似た者同士が相互承認を繰り返す。内に熱くなり、外に冷淡に振る舞う。コミュニケーションの格差が固定化し、対立と孤立を拡大再生産する。単純化するつもりはないが、争いの歴史とはそういうものであり、ネットが作り出す壁は、国境や民族対立と地続きのように見えていた。

もちろん僕も理屈の上では、そうではない可能性もあることは知っている。新しいメディア技術には、希望や期待を抱く気持ちがあって当然だ。ネットは堀や城壁のようなものではない。その本質はコミュニケーションなのだ。人を隔てることもあるし、結びつけることもある。だから丁寧に慎重に扱わなければならない。始めて三年たって一時「ツイッターを止めてみた」（(51) 2013.4-5）ときも、そういう気持ちだった。

二〇一〇年にダニエル・ブーニューの『コミュニケーション学講義―メディオロジーから情報社会へ』[16]を監訳し、出版した（⑬ 2010.3）。作業を通じ、学ぶことが多かった。コミュニケーションとは関係性の概念であり、人は「コミュニケーションせずにはいられない」。プラグマティック（実践論的）な意味生成過程なのである。そう捉えるとコミュニケーションの成否は単なる言語機能には回収されない、偶然で身体的ファクターに左右されることが腑に落ちる。特に視覚的な空間把握ができるか否かは重要だ。「指さし（インデックス）」と「物

16　ダニエル・ブーニュー『コミュニケーション学講義―メディオロジーから情報社会へ』（書籍工房早山、二〇一〇）【読書ノート14】

まね（アイコン）」にコミュニケーションの発生論的起源を見るマイケル・トマセロの議論[17]とも重なる——「まなざすこと」と「語ること」が同期してこそ、コミュニケーションは生まれる。

デジタル記号の本質は指標性にある。世界の波動をそのまま媒質に痕跡として残すアナログメディアと異なり、デジタルメディアの実体は、「0、1」のバイナリコードの集積が指し示す外部の存在なくしては、なんら意味を発生させることはできない。ここに、この新たなメディアが人と人をつなぐ可能性の原点がある。

そうした観点でいえば、いまデジタルメディアの主戦場は、この「どのように外部を指示するのか」を問う「まなざし」を奪い合う攻防の過程にあるといえる。「ソーシャル・グラフ」（⑳2010.10）から「ドローン」に至るまで（㉔2015.3-4）、俯瞰する視座の獲得はどんどん容易になっていく。その一方で「ニコニコ動画」のように何を見るべきか対象をわざと攪乱するようなインターフェースにも（㊵2012.6）相変わらず一定の支持が集まっている。その運営会社が「われわれはジャーナリズムではないというスタンスに立つ」と宣言したこと（㊻2012.12）は、ある意味僕たちの視覚に対する技術の勝利宣言のようにも聞こえて、寒気が走った。

そもそもテレビジョンとは、遠隔視覚の謂いである。僕らの先輩たちは、自

[17] マイケル・トマセロ『コミュニケーションの起源を探る』（勁草書房、二〇一三）【読書ノート09】

分の身体が存在しない場所の出来事を（カメラが目の肩代わりをすることで）見ることができるようになった体験を大喜びで受け入れた。でもそれが機能したのは、皆が「テレビモニター」という一つの画面を「まなざす」という約束事が成立していたからだ。これは「共同注意フレーム」（トマセロ、あるいは「共視体験」）を持つという、コミュニケーションが成立する大前提を利用している。

それと比較して言うなら、いまや攻防の果てに、デジタルメディアは僕たちの視覚を「散り散り」にしてしまった（⑭2010.4）。スマートフォンの画面を孤独に凝視する「目」は、まるで外部を見ることに興味を失ってしまったかのようだ。ユーチューバーたちが競ってアップする動画は、「見ること」を刹那的快楽の手段に切り詰め（⑰2015.7）、ソーシャルメディアの「炎上」事件の多くも、その「互いに目を合わせなくても、言葉が交わせる」アーキテクチャが火に油を注いでいる。果たして僕らはこの「迷宮」から脱出することはできるのだろうか。

二〇一六年熊本地震は、こうした状況に追い打ちをかけるような出来事だった。僕は、被災地から遠く離れたところにいながら、キャンパスとその周囲が壊滅的なダメージを被った「当事者組織」の一員として、リスク・コミュニケーションを差配するという厳しい状況を体験した。交錯するメディアの中で発せられた小さな言葉一つひとつの解釈が、「いのち」の行方を左右する。このギリギリの瞬間の積み重ねの中で、改めて僕たちは「時間」と「空間」から切り離されて生きることはできないことを思い知った（㊱ 2016.4）。

デジタルメディアは、人々が世界をより知ることを助けるのか、それとも世界から目をそらすための道具なのか。あるいは人と人をつなぐ絆を生み出すものなのか、それとも分断、対立、孤立をより深刻に加速させてしまうのか。丁寧に、可能な限り丁寧に考え、デザインを続けていく努力が求められている。

D　アーカイブと生きるための希望

『テレビジョン・クライシス』の一つの結論は、「デジタル化によって僕たちの視聴／メディア接触形態が変わる」というものであり、既成の時間・空間的秩序に依らないその認識を支えるものとして、メディアとしての「アーカイブ」概念を提示するということにあった。

しかし、その頃の僕にとっての「アーカイブ」は「ＮＨＫアーカイブス」[*38]に代表されるような放送アーカイブだけが具体的なイメージの源泉であり、この概念がどのような広がりをもったものなのかについて、十分な認識ができているとは言い難かった。また理論的にも勉強不足は否めなかった。

事実、「アーカイブ」に関する議論は、各々の論者がそれまでどのような立

*38　ＮＨＫアーカイブスの名で呼ばれているものには「番組」「施設」とアーカイブ事業そのものがあり、その事業としての歴史も一九八〇年代までの「保存」を組織だって行なっていなかった時代、八〇年代から二〇〇〇年頃までの価値づけされた特定の番組のみを保存・公開してきた時代、それ以降の網羅的に保存を行なう時代の三つの時期に分かれる。保存体制は整っても公開比率はわずか約1%未満、活用の道もまだまだ開かれていない。

場でこの概念にかかわってきたかによって前提とする認識が大きく異なり、かみ合うことは容易ではなかった。放送アーカイブに関わってきた研究者でも、アーカイブを単なる資料の保管庫と考え、利用の自由を要求する発言を十年一日のごとく続けている人も少なくなく、建設的な議論を進める環境自体が整っていないと、ため息をつく経験ばかりを重ねてきたように思う。

アーカイブを最初に研究の対象として捉えたのは「文書館（アーカイブズ）」という公的施設およびその制度に関わる人々であった。中世の僧院に始まり、今日の図書館情報学に連なるオーセンティックな学問領域である。一般的な理解は、この「古典派」の対極の位置に、デジタル技術が可能にした情報の蓄積をベースに新たな「記録のマネジメント」を構想する人々がいるという「対立の構図」である。

しかし、それは今日のこの概念を巡る問題の本質を捉えているとは言いがたい。古典的に見える「アーカイブズ学[*39]」もデジタル技術に支えられた「レコード・コンティニュアム（記録連続体）」のモデル化に取り組んでいるし、デジタル・プロパーの人々も国策（クール・ジャパン）に後押しされて技術的な夢ばかりを語ってもいられなくなっている。むしろ問題は、この立場をとる人の多くが、「公的（official）」であることを「公共的（Public）」であることと安易に同一視している点である。

*39 「文書館」の存在を前提とした所謂アーカイブズ学だけが、二百年以上前から「アーカイブ」に関わる学問として、情報管理の専門知識の習得を目的に、かつては高等教育機関の中で独立したファカルティを成していた。その伝統と進化については記録管理学会・日本アーカイブズ学会共編『入門 アーカイブズの世界』（日外アソシエーツ、二〇〇六）がわかりやすい。

アーカイブは端的に言うならば「記憶装置」である。その意味では、時間を媒介する機能をまずは第一に有する。しかし同時にそれは「社会的装置」として機能しなくてはならない。この交差をどうとらえるかに、アーカイブを巡る様々な研究の立場の違いが表れると考えることができよう。すなわちそれはどんな時代、どんな環境においても「誰の、何のために」という問いから逃れることはできない。むしろその問いに真面目に向き合うならば、国家規模の、網羅的なアーカイブの対極に、多様で地域に遍在する市民たちによる手作りのアーカイブ（「草アーカイブ」）がデジタルの力を借りて成立する社会でなければいけないはずだ。

その点、僕は「記憶の問題」のスタートを鹿児島県大隅半島の戦時中の船舶事故の発掘（② 2009.4）から始められて本当によかったと思う。そもそも二〇〇六年、「戦後六〇年の記憶と記録」というテーマでテレビ研究を行なっていた僕（⑥ 2009.8）が、アーカイブ化された番組の「語り」の偏りに疑問をもち、市民メディア活動を介してこの出来事と出会ったのがきっかけである。その翌年、財政破綻に陥った北海道夕張でも、博物館に眠った映像資料をアーカイブ化するプロジェクト（① 2009.2-3）を始め、またそれをきっかけに全国で戦前の九・五㎜映像と出会う（㊲ 2012.3 ㊿ 2014.12-2015.1）。

市井に生きる人々の「記憶」に本当の意味で結びつくアーカイブは、「地域に根差し」そして「連携しうる（ネットワークを形成する）」。この僕自身の「アーカイブ研究」の軸足となる仮説は、このように全国各地に自分の足で赴くことによって、その地域で頑張る「草アーキビスト」たちと語り合うことを通じてかたちになってきたものだ。この小さいけれど「広義」のアーカイブ概念は、文書館に隣接する、図書館（㉓ 2011.1）、博物館も結び、「アーカイブとアーカイブをつなげる」ことは、徐々に僕のライフワークになっていった。

そうした活動に熱が入り始めたころ、東日本大震災が起こった。僕は、いったい「津波は何を押し流したのか」（㊱ 2012.2）という問いに苛まれ、しばらく身動きがとれなくなった。発災から半年後、ようやく現地に通えるようになり、地域の方々と話しているうちに得た答えは、やはり「記憶」だった。復興の名のもとに、安全の名のもとに、大規模工事で地形が変わっていく中で、かつて夕張アーカイブの活動を始めたときに頭に浮かんだ「地域の肖像権」というコンセプトが、こうした被災地でも意味を持つことを知った。

それぞれの地域には、そこで人々が生活を営むための、言語化されない時空間編制がある。生態系といってもいいかもしれない。「風景」とは、それを五感で知覚するためのゲシュタルトであり、とくに映像や写真によるアーカイブは、その「風景」が変わってしまったときに、「忘れっぽい人間」に代わって、あるいはそれを補うための「記録」として「そこに暮らす人々のために」機能するものである。それぞれの地域には、独自のアーカイブが必要であり、またそこからボトムアップで形成される社会を目指すのならば、それらの連携を志向することは不可欠である。

こうした体験に背中を押されるように、アーカイブを考えるための理論の扉も徐々に開かれていった。オギュスタン・ベルクの『風土学序説』[18]は、「地域の肖像権」へのインスピレーションを与えてくれた。モーリス・アルヴァックスの『集合的記憶』[19]は、記憶の共同性とメディアの関係を考える出発点となった。カルロ・ギンズブルグの『チーズとうじ虫』[20]に代表される「ミクロストリア」の方法は、断片の集合体としての映像記録と歴史的叙述の関係についての問題提起に役立った。

しかしこれらの知見も、いざ「アーカイブ」全体の問題に統合していこうとするときには、ミシェル・フーコーを避けて通るわけにはいかないだろう。「アルシーヴ」の概念[*40][21]をもって、実体として存在するアーカイブについて、どこまで「言う」ことが可能なのかは、まだまだ浅学な僕にとっては荷が重い課題ではあるが、まさにアーカイブズ学の世界とデジタルアーカイブの可能性が接続せんとする時代に、そして地域アーカイブ・映像アーカイブがその橋渡し役を務めることができるとするなら、この知の巨人には歯を食いしばってでも立ち向かわねばならない。

☞**18**　オギュスタン・ベルク『風土学序説—文化をふたたび自然に、自然をふたたび文化に』（筑摩書房、二〇〇二）【読書ノート17】

☞**19**　モーリス・アルヴァックス『集合的記憶』（行路社、一九九九）【読書ノート01】

☞**20**　カルロ・ギンズブルグ『チーズとうじ虫—16世紀の一粉挽屋の世界像』（みすず書房、二〇一二）【読書ノート07】

***40**　フーコーのアーカイブ（アルシーヴ）概念、すなわち潜在的な発話内容をも含む言説形成（＝編制）体を指すパースペクティブとデジタル技術の親和性は、「書かれたもの」だけでなく「語られたもの」「コミュニケーション」といった、それまで言語研究の周縁にあった捉えにくかったものを可視化させたことによる。

☞**21**　ミシェル・フーコー『言葉と物—人文科学の考古学』（新潮社、一九七四）【読書ノート12】

そんな思いで毎日「アーカイブまみれ」になっている中で、ふと気づいたことがある。アーカイブを実践的な対象として捉えるならば、それは社会的な知の循環機能をはたしているのではないかと。そうした目で見るなら、世界はすでに可能的なアーカイブを成しているのではないかと。毎日「生き続ける」人生の集合体が、すなわち「歴史」をなす——そんなことを考えていたら、少し世界が輝いてみえるようになってきた。

E　メディアと社会の境界線に立つ

マクルーハンは「メディアはメッセージである[*41]」といった。所詮メディアはメッセージの送受信やコミュニケーションを載せる「船」であり、手段にしか過ぎないという思いは僕にもある。だから厳密にいえば「船」に対する議論と、その「荷物」に関する議論は分けて考えるべきなのだが、マクルーハンの言うように「船」自体がメッセージを規定したり、メッセージ性を持ってしまう宿命から、僕たちは結局逃れることはできない。

ならば、「メディア」を考えるのと同じぐらいの労力（眼差し）を、内容そのもの——例えば政治、経済、文化的テーマに注いでみる必要があるのではないか——そうすることによって、「メディア」として成立しきれていないもの、

*41　マクルーハンによる「メディアの物質性」、その意味形成過程における働きへの気づきは、同じく『メディア論』における「メディア＝人間の拡張」のテーゼとセットで理解する必要がある。すなわちそれは技術を過剰に評価する思想ではなく、あくまでヒューマニズムの問題として、ある種の疎外のモデルとして捉えるアンビヴァレンツがそこにはあった。

まだ社会的に「メディア」として認識されていないものの「メディア性」に気づくことができるのではないか。そういう逆転の発想も成立するだろう。

だからこそマクルーハンは、最晩年、『メディアの法則』[22]において、様々なものをテトラッド（強化、回復、衰退、反転）の四象限で分析して見せた。分析対象は全て、彼にとっては「メディア性」を有するものだったのだろう。コミュニケーションとメッセージの「船」は、人が暮らすところ、いたるところに存在する。

例えばこの連載で扱った「医療」（③ 2009.5）、「都市」（⑧ 2009.10）、「広告」（⑪ 2010.1）、「観光」（⑲ 2010.9）、「スポーツ」（㊻ 2013.10）は、とりわけマクルーハン的対象である。いずれもそこには制度が張り巡らされ、時間と空間がそれに従って秩序立てられている。メディアを考えるということは、おそらくそうした要素に「敏感になる」ということなのだ。単なる段ボールの箱をどのようにメディアとして活用するか（㉘ 2011.6）という禅問答みたいなワークショップの狙いもそこにある。

「横浜という街を舞台に「北仲スクール」という大学連携のサテライトスクールの実験を行なった二〇〇九年からの三年間は、特にそれを強く意識した（⑯ 2010.6）。建築やアートの研究者・実践者とのコラボレーションに加え、多くのこの町に生きる人々の参加もあり楽しかった。教育・研究に予算を出し渋る世

22 マーシャル・マクルーハン／エリック・マクルーハン『メディアの法則』（NTT出版、二〇〇二）【読書ノート21】

の中になってしまい、本当に残念である。

そういえば「学校」も極めてマクルーハン的なカテゴリーである。そしてメディアと教育は、今日最も難しい関係にあるといえる。大学でメディアを専門的に考える学科にいて、いつも悩しいのは、中学・高校でメディアに関する基礎教養がほとんど培われていないことだ。日常生活において、これほどまでにメディアに取り囲まれているのに、である（⑰2010.7）。

だからなのかどうか——我が学科に入学を希望する高校生の多くは、「イメージ」の影響をそのまま強く受けている。まあ仕方のないことではあるが、「華やかに見える世界への憧れ」、あるいは「楽しそう（楽そう）」というイメージが大半の受験生の動機を支えている。最近は逆に、様々な不祥事や「マスゴミ言説」、さらには過酷な労働環境のイメージも、ネガティブな側面で影響を与えている。

メディアにはそれ自体が啓蒙・啓発——もっと言えば、洗脳にまでつながるような認識操作の道具として使われてきた歴史がある。だから「メディアを学ぶ」という行為においては、どうしてもメタなアプローチが多くなり、また学際的・領域横断的に機能を紐解いていく必要がある。初等中等教育ではなかなか扱いにくいことがらも多く、したがって二〇〇三年以降導入された教科「情報」では、どうしてもコンピュータ・リテラシーが中心になってしまうのもわからないではない。

「メディア・リテラシー」とは何か、それはどのように養われるべきか——二〇〇七～一二年にかけて、僕は「メル・プラッツ」という研究グループに属し、この難しいテーマにどう向き合うかを考えてきた（二〇〇七年度はオーガナイザーを務めた）。「メディア・リテラシー」がこれまでどのように解釈されてきたか——その歴史は、まさにメディアの社会的な位置取りの変化の鏡となっている（⑫ 2010.2）。

かつてテレビが圧倒的な力を持っていた時代、そのパワーへの抵抗の論理として「読み解き能力」の普及運動として浸透していった「メディア・リテラシー」は、その後、水越伸が『デジタル・メディア社会』[23]で喝破したように、情報の流れの構造変化をうけて実践・参加をキーワードに組み替えられる必要性が高まっている。しかし周回遅れで、しかも間接的に状況を認識することしかできない学校現場の反応は著しく鈍い。「禁止」と「技術習得」の前に、自ら考えるという最も大切なプロセスが、締め出される流れは止まらない。

教育現場は「社会」環境の苗床であると考えるならば、メディアをいかに扱うかという問いは、その生命線を握っているといえよう。制度と時空間編制が、さまざまな社会システムに通底する論理ならば、僕たちはその時代時代のメディアを知ることから社会を知ることができ、そこから社会を生産する（変革

23 水越伸『新版 デジタル・メディア社会』（岩波書店、二〇〇二）【読書ノート34】

することも含め）方法を身につけることができる。その出発点は、別の角度から見るという「知覚」を培うことなのだとするならば、メディアとそうでないものとの境界線（エッジ）に立つことの意味は小さくない（㊷2012.8）。

　とりわけ政治とメディアの関係はますます難しくなってきている。言葉を大切にすることをレトリックにすり替え、操作志向を隠すことすらしない政治手法の前に（(75)2015.5）、国会前のシュプレヒコールは無力さを露呈することしかできなかった（(78)2015.8）。偏向しているか否かのバランスゲームに追い込まれたジャーナリズムは、もはや窒息寸前、待ったなしの状況にある。「表現の自由」*42を論じる前に、僕らは自らの「解釈の自由」が侵されていることを知らねばならない。

　十八歳選挙権が施行された。何も学んでいないまま「稚魚」たちは大海に放り出されている。しかし、「若者らしさ」の「学ぶ力」にこそ注目すべき点はあると思う（(73)2015.3）。あらゆる生物は、自らの生きられる環境を知っている。その点でいえば人間は、一番弱い動物なのかもしれない。だからこそメディアやコミュニケーションは、次世代に手渡される「環境問題」の最重要アジェンダとして議論される必要がある。

「メディアを学ぶ」ことと「社会を学ぶ」こととの連続性を担保するためには、「メディア〝を〟学ぶ」ことと「メディア〝で〟学ぶ」こととの分かちがたさを、

*42　日本国憲法第二十一条は、もちろん無条件の規定ではない。憲法は構造物であり、当然その行使は他の基本的人権との関係の下にある。かといってこの「自由」はそれによって「制限される」ものではない（第十一条）。それを理解するカギは、これらが含まれる第三章「国民の権利と義務」にしばしば現れる「公共の福祉」という言葉にある。

教養として身につけることが必要である――もしかするとこれこそが、マクルーハンが僕たちに残した遺言だったのだ。では、僕たちはデジタル・ネイティブ[*43]たちに何を残すべきなのだろうか。それを考える時間はさほど残されてはいない。

*43 何年生まれ以降を「デジタル・ネイティブ」と呼ぶかについては論議のあるところだが、ひとまずここではWindows95以降としておく。それよりも今は「モバイル・ネイティブ」の方が大きな問題であるとはいえまいか。

INDEXⅢ——自らを読む

変化に対峙する

A　権力と市民――「力」とはなにか

二〇〇〇年頃、「情報とはなにか」について考え始めたとき、吉田民人、西垣通、ベイトソンらの仕事を通じて「物質、エネルギーに回収されない、世界を構成する第三のカテゴリー」という定義[24]に出会った。物質やエネルギーに備わっている存在としての「力」が、コントロールしきれなくなったときに、様々な不幸が襲いかかる――そう整理してみると、それまでなんとなく抱いていた「権力」や「暴力」に対する感覚的な嫌悪をだいぶ理論的に説明できるなあ、と思うようになった。

とはいうものの「情報」も、量で捉えられるだけに、やはり諸刃の剣である。知識をたくさん持つ者、あるいはその知識を使える環境にある者が「力の行使」に近いところにいることは事実だ。技術革命が単なるヘゲモニー*44（覇権・支配）の再編になってしまってはいけない――エリート主義の欲望に対して無自覚な人と出会うたびに、そう自分に言い聞かせてきた。

僕は今まで「権力」そのものに対抗する位置取りを示す者として、「市民」という言葉を用いてきた。しかし、ネット社会に身を置いてみると、世間ではそれと全く異なる解釈をする人が少なくないことを知った。今日「市民」とい

24　西垣通『こころの情報学』（ちくま新書、一九九九）【読書ノート32】

＊44　『獄中ノート』をこの概念を軸に編んだアントニオ・グラムシによれば、支配には強制と合意の二つの側面があり、合意による支配がヘゲモニーであるという。同時代、「支配」を歴史理論として説いたウェーバーと対になる思想家といえるかもしれない。（『グラムシ・セレクション』平凡社ライブラリー、二〇〇一）

う概念は、一般的には完全に「カウンター・パワー」、すなわちもう一つの「権力」と認識されていたのだ。「プロ市民」などと揶揄する言葉すらもある(64 2014.6)。

かつて左翼思想が暴力と結びついていた時代は確かにあった。無論、その記憶をストレートに肯定することはできない。体制に抵抗するという目的意識が、人々に「止むを得ず」暴力を選択させたのではなく、そこには間違いなく力の論理を安易に認めるナイーブな思考回路が存在していたのだろうと思う。もちろん市民運動に学生運動が合体して、過剰なエネルギーが生まれたそのダイナミズムを、「若さ」故のエネルギーがそこに油を注いだなどという単純な説明で片づける気はさらさらない。しかし当時の冷戦状況は、「力には力を」という発想を当然とみなしてしまうような空気を作り出していたのかもしれない。

それでも僕にとって「市民」という言葉は、今も市民革命というタームとともにある。それは近代の始まりおいて、封建的秩序からの解放によって自由と人権を勝ち取った人間たちを指し示す言葉だ。しかしそれは普遍的な概念なのだろうか、もしかすると一七〜一九世紀のヨーロッパという歴史的特殊条件の中においてのみ成立したイデオロギーに過ぎなかったのだろうか。

さらに振り返れば、かつての市民革命も「暴力」よって成し遂げられたものである。それは否定しがたい歴史的事実である。僕たちは市民の理念と——あくまでそれは手段であったのだという言い訳をしたとしても――「力」の行使という現実の矛盾を、数百年の歳月を経ているのにもかかわらず、依然乗り越えることはできていない（(87) 2016.5）。むしろ「力」の存在感はより強力・強大になっているのではないか。ウェーバーが『支配の社会学』[☞25]で説いたことをなぞるように、官僚制[*45]はいよいよ不可侵な権力構造になりつつある（⑤ 2009.7）。そしてその支えを、計算可能的なもののみを次々と析出するコンピュータ・テクノロジーが担っているのである。

今日の「市民活動」に対する一般の人々の嫌悪は、その手に負えなくなった権力構造への無力感の鏡のようにも思える（(52) 2013.6 (93) 2016.11）。さらに、この社会の隅々にまで行きわたったリゾームのようなネットワークは、監視社会を現実のものにしてしまった。ショッピングサイトのアクセスログから街角の「安心・安全」を守るための無人カメラまで。「見えすぎる」ということが逆に「不可視」を際立たせるという矛盾。今や、「教室の窓ガラスをたたき割る」尾崎豊は、ただの犯罪者である。

もちろん「窓ガラスをたたき割る」行為も、「力の行使」に他ならない――何を問いたいのかと言えば、それはこの「力の行使」をめぐる覇権争いの連鎖から、僕らはどうやって抜け出せるのかということに尽きる。

実はもう、事態はかなり深刻なところまで来ているのだ。二〇〇一年九月十

☞**25** マックス・ウェーバー『権力と支配』（講談社学術文庫、二〇一二）**【読書ノート03】**

***45** 官僚制は支配する側だけでなく、支配される側にも浸透してこそ機能する。すなわちそれは双方の入れ替わりによって動性を保ち続け、人間存在に対するシステムの自律として現れる。情報技術の未成熟な時代に、ウェーバーはよくぞ気づいたと思う。

一日は、僕たちの辞書に「テロ」という言葉が加わった日である。二一世紀は、時間の経過とともにそれを日常にじわじわと浸透させた。ボタンの掛け違いは、あの時まず「テロとの戦い」という言葉を発してしまったことだ。それ以来「テロ」は脊髄反射的に「力を行使すべき」ターゲット（図）となり、「世界」は「テロ」を生じさせる「地」への認識能力を失った。

「テロ」の本質は、コミュニケーションの不全である。言葉を失った者——正確に言えば、その言葉を受け取ってくれる人がいない人々の孤独が、「言葉の無力さ」の対極にある「力の行使」を求めた——その行為の結果が、「テロ」と呼ばれているにすぎない。だからこれまでずっと僕は極力「テロ」という言葉を使うことを避けてきた。突然のものだけに、その出現形態にとかく目を奪われがちだが、それがなくなることを願うのであれば、僕たちは「力」に頼らざるを得ない状況に追い込まれた、その前提にこそ目を向けねばならない（㊼2013.1）。

手掛かりはミシェル・フーコーが提示した「生政治[*46]（バイオ・ポリティクス）」の概念にある。「安寧」と「生きづらさ」の二値コードを掛け金とする取引システムの中に巻きこまれた僕たちは、日々、生ぬるい日常に騙されながら、危機を先送りにしている。ハーバーマスの『公共圏』[*47][26]概念をアーレント、そしてこのフーコーの知見に拡張してみせた齋藤純一の説[27]を裏読みするならば、それ

*46 支配の原理を制度のレベルを超えて存在のレベルまで深化させたものが「生政治」の論理だとするなら、現代は「人権が引き裂かれた時代」だということができる。フーコーの続きはジョルジョ・アガンベン（『ホモ・サケル—主権権力と剥き出しの生』以文社、二〇〇七）で。

*47 ハーバーマスの公共圏概念の理解のカギは、「親密圏」すなわち私人たちによる生きられる空間としてそれを捉えることにある。つまりそこでは「公私」は単純な対立関係にはない。「常に水を遣り」目を離さず、緊張の力学の中において、共に育てていく対象なのだ。

26 ユルゲン・ハーバーマス『公共性の構造転換—市民社会の一カテゴリーについての探究』（未来社、一九九四）【読書ノート11】

27 齋藤純一『公共性』（岩波新書、二〇〇〇）【読書ノート25】

はズバリ「言葉が空しくなっていく」プロセスということができる（⑧2015.12）。

僕たちがすべきことは、実はとっくの昔にはっきりしている。「市民」概念をコミュニケーションの機能態として、とりもどすことなのだ（⑳2011.4 ⑳2011.8）。公共性の問題がメディアのあり方と分かちがたくあるのであれば、その出発点は「市民メディア」のあり方を再考することにある（㉛2011.9 ㊻2012.12）。それはマスメディアの権力性に対する無自覚（㉙2011.7）と、その振る舞いを「マスゴミ」と非難する人々の短絡へのアンチテーゼにもなるであろう。

「メディアとメッセージを、我々の手に」——僕が、自分が属する学科の学生募集のキャッチコピーをこのように書いたのは、そんな思いから、である（㊳2014.10）。

B 「ある人生」——個人と社会、記憶の歴史学

初期のNHK、一九六〇年代のテレビドキュメンタリーに『ある人生』というシリーズがある。同時期の『日本の素顔』などに比べるとメディア史的に取り上げられる機会は少ないが、個人的には必見の秀作が多いと感じている。こ

の時代に「人生を問う」ことは、イコール「戦争を問う」ことになる――これは僕の「人生」の先輩でもある伝説のディレクター桜井均氏の言[28]だが、まさにここに映し出された多くの「人生」は、戦争の経験と、戦後の環境変化に揺さぶられる人の行動と思考の記録であった。

あの戦争からの時間の経過は、「人生」と「戦争」あるいは「戦後社会」との関係を語る人を次々あちらの世界へと送っていった。この『メディア分光器』で取り上げた忌野清志郎（④ 2009.5-6）、市川森一（㉞ 2011.12）、高倉健（69 2014.11）、水木しげる（81 2015.11）といった人たちの人生には、かならず「戦争」あるいは「平和」といった問題が重なってくる。その意味では『ある人生』のコンセプトは、ついこのあいだまで続いていたのだといえよう。

杉田二郎がかつて『戦争を知らない子供たち』という歌をうたった（54 2013.8）。直接「戦争」は知らなくても、「戦争」の時代と地続きの社会を生きてきた「子供たち」――世代でいえばギリギリ僕たちまでがそうである。戦争を体験した大人と一緒の時空間を生きるリアリティと緊張感は、僕たちの想像力に大きな影響を与えた。今、僕が広島に行っても、沖縄に行っても感じうるものは、こうした文化的遺伝子のおかげではないかと思える。

僕は一九六一年生まれだ。自分が生まれたのが終戦からわずか十六年後であるという事実には、大げさでなく戦慄を覚える。この原稿を書いている二〇一

28 桜井均『テレビは戦争をどう描いてきたか―映像と記憶のアーカイブス』（岩波書店、二〇〇五）【読書ノート26】

六年の僕と、十六年前（二〇〇〇年）の僕との時差を考えると、僕が生まれたときの「大人」が見ていた風景はいかほどのものだっただろう。一九六一年は、NHKで「朝の連続テレビ小説（朝ドラ）」が始まった年だ（㉟2016.3）。ちなみに東海大学に「広報学科（広報はマスメディアの意味）」が設立されたのも一九六一年だ。翌年にビデオリサーチの視聴率調査が始まる。東京オリンピックは一九六四年。メディアの時代の黎明に、僕は生まれた。

記念碑的ドキュメンタリー作品である萩元晴彦、村木良彦による『あなたは…』（TBS）は一九六七年。戦争から二十年たっても、マイクを向けられる人々の眉間には、当時のプアなカメラでさえ刻んでしまうような皺があった。彼ら、そして僕らは、やがて七〇年の万博、そしてオイルショックやバブル経済を経験する。しかしおそらく生きているかぎり戦争の傷あとを引きずり続ける。繁華街に立つ傷痍軍人、河川敷のバラック集落の印象とともに。

その連続性がどこで途絶えたのかについて、天皇が生前退位をほのめかす時代に生きる僕たちはもっと真剣に考えなければならないのではなかろうか。僕たちが、前の世代との間で確かに共有し、同じく指さして語り得ていたものが、僕たちと次の世代との間にはない。その行為自体が、不可能になっている（㊾2014.1）。天皇の「象徴としての務め」という言葉で表した危機感は、まさにそういったことだったのではないだろうか。

「人生」そのものが、そうした連続性に支えられているものと考えることができる。『ある人生』は、戦争体験とそれが放送された時点の「いま」との関係性が描く物語であり、またそれをともに視る人と人との関係性によって、共感あるいはオブジェクションを呼び覚ます契機となっていたことに、メディア研究者はもっと強い関心を払うべきだったのだ。すなわち「人生」とは、記憶と記録を媒介し、歴史を構成していくキー概念なのである。

モーリス・アルヴァックスは、このメカニズムに今から七十年以上前に気づいていた。主著『集合的記憶』[29]（一九五〇）の主題とは、フラジャイルな個人の過去の記憶がどのようにして「安定性」を得ることができるかという問いであり、時間・空間が社会化を支えるメカニズムを解き明かすことであった。彼の慧眼は、そのカギを握る「集合性」の容態が多様であることに気づいたことである。それもまたファシズムが吹き荒れる時代を経験した、アルヴァックスの「人生」ならではのものなのかもしれない。

振り返れば、僕たちの世代の人生は「テレビ」とともにあった。テレビが戦後世代の僕たちにとって「集合的記憶装置」であったということは確かに可能であるが、それはアルヴァックスが分析した意味でそうなのかは、厳しく問い返さねばならないだろう。個人の記憶をかき集めたことで、単純に社会的集団に属する一体感を得られるわけではない。個と全体の間の緊張感がかつてそこ

29　モーリス・アルヴァックス『集合的記憶』（行路社、一九九九）【読書ノート01】

にあったかは、徐々にポスト・テレビ時代に足を踏み入れ始めている僕らが検証すべき課題である（㉑2014.3）。

だから僕は『ある人生』の「ある」という連体詞に注目する。「ある」は全体の中の個を指し示す言葉だ。戦後という全体において、数々の名もなき「人生」の中で、埋没せず浮き上がる「一人の人生」。そこに提喩（シネクドキ）的に意味を与えるこの番組シリーズに、緊張感を読み取ることができるとまで言うのは、過ぎた評価であろうか。いや、この議論は、テレビドキュメンタリーの形式全般に敷衍《ふえん》させることは可能なはずだ。逆説的にドキュメンタリーの衰退をテレビの衰退を象徴する流れとみなすならば、僕たちはアルヴァックスの発見を現代につなぐことができるだろう。

『ある人生』が描いたものは、その時代を代表すると同時に、異端でもある者の「人生」だった。「異端」としての生き方には、その時代の緊張感が収斂される——それは僕がもう一人注目している歴史学者カルロ・ギンズブルグが提唱する新しい歴史学＝「ミクロストリア」の知見によるものである。中世と近世のはざまに生きた一人の粉ひき職人の世界観（『チーズとうじ虫』[30]一九七六）にフォーカスし、そこから個別事象を編む歴史記述の方法を見出した彼の言葉は、デジタル・テクノロジーが促す認識の断片化への抵抗論としても、期待することができる。

30 カルロ・ギンズブルグ『チーズとうじ虫―16世紀の一粉挽屋の世界像』（みすず書房、二〇一二）【読書ノート07】

「あの戦争」を出発点にした歴史認識の途絶えを、ただ憂いているだけではだめだ（㉑ 2010.11）。よく考えてみれば萩元や村木の『あなたは…』も、もとは都市に生きる人々の声の断片を集めたものである。[31]しかしそこに「編集」が施されることによって、観る者に「集合性」が認識されるとともに、写されていない時間の様々な「人生」が想起される。彼らは「平均的日本人像」を構成する者であるだけではない。それは同時に歴史的「異端」としての顔も持つのだ。

忌野清志郎、市川森一、高倉健、水木しげるだけではない。この十年で僕たちが「ミクロストリア」のまなざしを向けるべき多くの「人生」が閉じられたことを、次の世代である僕たちは、まずは真摯に受けとめよう。そしてもうひとつ――一方的に過去ばかりを見るのではなく、「さらに戦争を知らない子供たち」の声に耳を傾けるべきなのだ。彼らもまた（僕たちよりは、若く青い存在であったとしても）彼ら自身の「人生」を歩んでいる「仲間」なのである。

広島に全国から集まる中高校生たちも、東北に集う若きアーチストたち（⑳ 2016.8）にも、最近僕はそうしたシンパシーを感じることができるようになってきた。「人生」という言葉は、僕たちの想像力を強く喚起させる。

31 萩元晴彦、村木良彦、今野勉『お前はただの現在にすぎない――テレビになにが可能か』（朝日文庫、二〇〇八）【読書ノート30】

C　災害と戦争、あるいは日常と理不尽な死

子供の頃、臆病で泣き虫だった僕は母親に何度も尋ねて困らせた――「ねえ、人間はなぜ死ぬの。死ぬってどういうこと？」。親子三世代で暮らし、親戚も多い家族ではあったが、十代までの僕にとって「死」は不思議なくらい身近には存在していなかった。大学生になって祖母が認知症になった。そのことがきっかけとなって家族と離れて暮らすことになった。そのあたりから「いのち」は恐怖の対象ではなく、思考の対象になった。

災害と戦争を同列で語ることへの躊躇はもちろんある。単純に言えば、自然を相手にしているか、人間が起こす惨禍かという違いはある。しかし自然災害を拡大させてしまうのは人間社会の歪だし、自然環境の過酷さは人と人の争いを地獄に陥れる。このことを考えると両者は連続的なグラデーション関係にあるといえる――何と何の？　日常と非日常の。

「日常性バイアス[*48]（あるいは正常性バイアス）」という言葉が、東日本大震災の折に注目された（⑫ 2015.1-3）。人は可能な限り平穏な日常が続くことを求める。その自らの性向に気づくことは、「日常」という時間がどのような条件の中で成立しているかを考えるきっかけになる。しかしそれは簡単ではない。なぜな

*48　自分に都合の悪い情報を無視したり、過小評価したりする認知バイアス。自然災害や事故・事件など被害が予想される状況下にあっても、正常な日常生活の延長上として捉え、都合の悪い情報を無視し「自分は大丈夫」と考えるこの心理傾向は、避難の遅れなどの原因になったが、一方、復興期においてはむしろメンタルの支えとして機能したという指摘もある。

らば難しい思考を避けることもまた「日常」の条件なのだ。したがって（これまでの歴史を振り返っても）「日常」から「非日常」に移行する点を、往々にして人々は見過ごしてしまう（㊵ 2014.2）。

しかもその移行点は、「災害」の場合も「戦争」の場合も一つではない。いくつもの予兆、経験や歴史的教訓、あるいは「隣の芝」の色はそのサインとなりうる。しかしどれだけサインが存在しても、それらが反省的な思考を呼び覚ますためには「恐怖」という感覚を経なければならない。僕たちは、そもそもその感覚を避けたいがために「考えない」。考えた瞬間には「恐怖」に取りつかれてしまう――ここには思考というものが抱え込んだ根本的な矛盾がある。

こうした「恐怖」と向き合うためには、どうしたらよいのだろう。この十年で、僕らは東日本大震災という巨大災害と出会い、またあの戦争から七十年という大きな節目を経験した。その中で少しずつ分かり始めたことがある。それは、「時間の経過」がものごとを理解するプロセスにおいて、重要なファクターとなるということだ。

東日本大震災後、数多くの論説が世に出たが、その中でも比較的早い段階（二〇一一年十二月）に出た徳田雄洋の『震災と情報』[32]は、時間の経過とともに変化する課題に対して我々のメディアとコミュニケーションがいかに脆弱であるかを的確に示したものといえる。一時間、二十四時間、一週間、一ヵ月、

32 徳田雄洋『震災と情報――あのとき何が伝わったか』（岩波新書、二〇一一）【読書ノート28】

六ヵ月――しかし、この本で徳田が事態に伴走しえたのはここまでである。二〇一六年。五年が経過した今、被災地は新たな課題に直面し始めている（(83) 2016.1）――それは「記憶」をめぐるポリティクスである。

もちろん「風化」[*49]をめぐる議論は初期からあった。ただ当初それは、直接の当事者と、被災地から空間的に離れた人との間にある不安に過ぎなかった。しかし徐々に状況の変化は当事者同士の間にも微妙な意識差が存在することがわかるようになり、そのことが複雑な分断を刻むようになっていく。それをより鮮明にしていくプロセスに、時間の経過は加担していく。

空間と時間の隔たり。そもそもメディアはその間を埋めるものとして存在しているはずだった。しかし、情報があふれかえる社会では、それは避けることのできない宿命である。ただ、こうやって一般化してみれば、東日本大震災の問題は、それ固有のものというよりも、様々な災害に重ねて考えることが可能になる――そして「戦争」についても。

僕がアーカイブのことを考え始めたきっかけは、二〇〇六年、「戦後六十一年」に鹿児島県錦江湾で、昭和十九年（一九四四）二月に起こった日本海難史上二番目の事故「第六垂水丸遭難事件」の物語を聞いたことにある（② 2009.4）。戦時期の日常を揺さぶったこの事故は、「戦争」と「災害」を結ぶ「理不尽な死」と「忘却」との悩ましい関係を僕に教えてくれた。

*49 「風化」は、本来は自然現象であり、「岩石が長いあいだ空気にさらされてくずれ、土になる」ことを指す。かなり精度の高いメタファーである。つまり「風化」は消えてなくなることではなく、粉砕されていくことを意味しているのだ。すなわち「記憶」とは岩石のような「塊」をなすものであり、「記憶を失う」こととは「消える」ことなのではなく砕け、散ることなのだ。

その経験があったからこそ、様々な不幸な出来事、その後夕張で出会った一九八一年の北炭夕張新炭鉱ガス突出事故のこと（㉔ 2011.2）も、あるいは広島、沖縄、長崎などなど、各地で聞いた戦争の語りに対しても、一定の態度をもって理解し、心の中にすとんと落とすことができるようになった。そしてメディアを介して経験した東日本大震災（㉕ 2011.3）を、いかにして「自分ごと」にしていくかという課題についてもそれが助けとなった。もちろん、遠くにいながら図らずも「当事者」たらざるをえなくなった二〇一六年熊本地震についても（㊱ 2016.4）。

時間と空間の隔たりは、当然のことながらすべての人に「異なる記憶／異なる認識」をもたらす。体験した人の「いつ・どこで・どんな風に」の数だけ、様々な戦争体験があるし、被災地との物理的・心理的・関係的に複雑な距離感を背景に、人々は他者とは違う思いを自覚するようになる。そして人々の間には、縦横無尽に「対立」軸が刻まれ、それが交差する網の目にがんじがらめにされるうちに、「孤独」が生まれ、そこから逃れられなくなっていく。

「災害」と「戦争」は、確かにその極致である。しかしこれら「非日常」に分類されるようなカテゴリーだけが、不幸の源泉ではない。むしろ無意識が君臨する「日常」の生活世界の中にこそ、その種は散らばっている――例えば「介護」の問題。「介護の問題があった殺人や心中などの事件は、ＮＨＫの取材では二〇一〇年以降の六年間で少なくとも一三八件発生していました。約二週間に一度、悲劇が繰り返されていることになります」（NHKスペシャル『私は家族を殺した〜〝介護殺人〟当事者たちの告白』二〇一六より）。ここにもまた「理不尽な死」がある（(53) 2013.7）。

メメント・モリ（死を思うこと）の大切さを改めて思う。なぜ僕たちは死に怯え、そこから避けようと行動しているはずなのに、いつのまにかそれを引き寄せてしまっているのか。「死」を思う前に、自分の「生」をナイーブに肯定してきただけなんじゃないか？「生」を真摯に捉えることは、「死を思う」ことからしか始まらないのではないか（③ 2009.5）。

死とは、生の断絶であり、終わりである。生まれてこなかった者に死はない。ならば生はどう定義ができるか——それは連続であり、究極の「生」とは無限なのではないだろうか（㉗ 2011.5）。僕は「無限」の意味を、チャールズ・サンダース・パースの記号論[33]（「無限の記号過程」の概念）から学んだ。そしてそれに近づく道をコミュニケーションとは何かを考え、実践することに求めるようになった。

コミュニケーションの本質は「つなぐ」ことにある。何を？「意味」を。それが当事者と第三者の分断を繕い、時間と空間の隔たりを引き寄せる。繰り返すが、メディアの本来の機能はそれに奉仕することに尽きる。言葉に、言葉を

33 米盛裕二『パースの記号学』（勁草書房、一九九五）【読書ノート36】

重ねることをいとわない。理論的にも実践的にも、いまだ熟さぬ考え方ではあるが、これだけは確かである――「言葉が、失われたときに、理不尽な死があらわれる」。

D　グローバルとローカル――旅人の身体性

二十代の頃は仕事の関係で本当によく海外に行った。「長期滞在」とまではいかなかったが、むしろ限られた期間にいくつも国境を越えることで、なんとなく心の中に世界地図が描けるようになった。ちょうどベルリンの壁が開いた時期のドイツ、イスタンブールやチュニスなどイスラム社会の玄関口の空気も吸った。これはこれでいい経験になった（58 2013.12）。

しかし四十代になって、メディアのことを真面目に考えはじめるようになってから、急に海外に行く意欲が消えていった。限られた人生の中で、あれもこれもできるわけではない。「地域」という言葉が何を指し示しているのかわかり始めてきたのもこの頃だ。マクルーハンのもう一つのテーゼ「すべてのメディアは人間の機能及び感覚を拡張したものである」に忠実に依拠するならば、一気に「世界」を見ようとするのは、その「拡張」を「神話的」なものに寄託することに他ならない――だから僕は、すなわち、手の届くところから、自身の足を使って感覚を広げてみようと考えたのだ。

鹿児島県大隅半島、北海道夕張市、そして東日本大震災のいくつもの被災地を回るようになった僕の気持ちの裏には常に「自分の存在」に対する違和感があった。どの街を訪ねても「僕は、余所者」である――しかし、いつしかその感覚を認めることに「地域」を理解する手掛かりがあることに気づいた。「余所者＝その場所において、余所余所しさを感じる者」。その源泉は、その街の土地や事物との関係性にある。その関係性は、「暮らし」と言い換えることができよう。暮らしているからこそ、その空間を構成するものごと、そこで流れる時間に「意味」を持つことができる。

ある時から僕は「風景」という概念に興味を持つようになった。二〇〇八年にちょうど一年の研究休暇をとった僕は、大隅と夕張を行ったり来たりしながら、各々の地域に生きる人々と時間がある限り一緒に飲み食いし、言葉を交わした。その土地での暮らしには「物語」があることを知った。大隅の「第六垂水丸遭難事件」（一九四四）、夕張の「北炭夕張新炭鉱ガス突出事故」（一九八一）――「あそこで、こんなことがあったんだよ」と語り、指さす先にはかならず「風景」があった。

そのころから、考古学を専攻する方々と共同研究をするようになった。書かれた歴史に対し、文字に表されていないモノが語る記憶に耳を傾ける――映画やテレビ以降、マルチ・モーダルな情報を扱うようになったメディアを研究することに、それは方法的に重なることを知った。特に「風景、景観」を遠くから眺める対象ではなく、認識を支える「環境」であると考える生態学的アプローチには、先史時代と現代をひとっ飛びで結ぶ学際的新しさがあった。

その知見を支える理論として、オギュスタン・ベルクが提唱する「風土学」に出会った。ベルクは日本に長く滞在し、和辻哲郎に強い影響を受けていることで知られているが、決して日本の国土を「特別視」していたわけではない。地理学に動的な再帰性、自己組織性の概念を導入し再構築を図る目的で、この「風土」を選んだのだ。集大成ともいえる『風土学序説』（二〇〇二）では、ギブソンの「アフォーダンス」[34]やヴァレラらの「オートポイエーシス」[35]などの二〇世紀ヨーロッパ哲学の動向の多くを参照し、「風景（écoumène）」概念に人間＝自然の分かちがたさを表現する意味を与えている。

この「風景」を単に眺める対象としてでなく、生態学的な意味で理解すべきことを知ってからこの「余所者」には、地域とコミュニケーションすることが可能になった（67 2014.9）。その環境の中で生きる人の知覚単位（ゲシュタルト）が「風景」だったのである。訪ね歩く各地域で、出会った人々と、なるべくその人の目線に合わせて「風景」を見る習慣をつけるようになった。大隅でも、夕張でも。そして広島や沖縄から身近なところでは平塚空襲などの戦争の傷跡、

34 ジェームズ・J・ギブソン『生態学的視覚論―ヒトの知覚世界を探る』（サイエンス社、一九八六）【読書ノート06】

35 河本英夫『オートポイエーシス―第三世代システム』（青土社、一九九五）【読書ノート23】

横浜と信州を結ぶ蚕糸の道（㉜2011.10）、そして気仙沼や石巻から仙台そして福島までの太平洋岸に広がる被災のリアル（㊳2012.4 79 2015.9）——こうして旅を続けるなかで、「風景」が壊れるということが、生活の喪失、記憶の喪失、すなわち地域の歴史の喪失に結びついていることを知った。

指さしながら、記憶を言葉にしようとするとき、そこに「風景」が存在していなかったらどうなるだろう。地域の人々の指示詞は宙に浮き、コミュニケーションはつながらなくなる。しかし、そこに「映像記録」が残っていれば——「地域の肖像権」というアイデアは、そこから生まれた。その地域に暮らす人々の幸福追求権（憲法一三条によって保障される）の一つとして、「環境」の現れとしての「風景」を保全する、あるいはそれが失われた場合には「回復」を請求する運動が、この概念によって可能になるのではないか、と。

それは、デジタル技術の発展に後押しされたアーカイブのナショナル志向、グローバル志向[*50]に対し、「地域映像アーカイブ」とその連携を推し進める思想の核になった。特に放送アーカイブの中央集権主義（ＮＨＫアーカイブスなど）に風穴を開け、活用の幅を広げていくときに、「映し出されている風景は、そもそもはそれが存在していた地域のものだったはずだ」というロジックとして有効だろうと考えたのだ。さらにそれは、これまで制作者の「表現の自由」と、それに対する歯止め（拒否権）としてしか意識されてこなかった被写体や観る

＊50 「グローバリズムとは、基本的に「経済」の観念であり、拡張志向を基本原理とする資本主義のダイナミズムが生んだイデオロギーである。しかしかつてのイデオロギーと違って厄介なのは、そこには階級的な差異はなく、実体と一体をなして有無を言わせず我々を包囲し、自明性を纏っているからである。「大学(University)のグローバル化」などというわけのわからない表現を、いったいどう理解したものだろうか。

者の権利意識を積極的なものに転換し、コミュナルな映像圏の創造に向かう道を描くエンジンになると考えた。

このインスピレーションは、残念ながらいまだ制度を動かすところまでたどり着いてはいない。しかし、このことを出発点に、いろいろなことに気づかされるようになった。例えばテレビに限らず、大小さまざまなビジュアルイメージに囲まれて生きる現代の都市生活は、どのような「風景」の中にあるのだろう。僕たちは、自分たちの記憶をどのように「指差し」して人に語るのだろうか。それは、スマートフォンの小さなディスプレイの中にすべて集約されてしまうとしたら――僕たちの「地域の肖像権」は、どうなってしまうのだろう。

「余所者」は、ある日を境に、自分を「旅人」と名乗るようになった。「余所余所しさ」を感じる狭い心に閉じこもるのではなく、自ら移動することによって見聞きする経験を、他の地域に伝え、そのイメージを自由に想像できるようになりたい。そしてその時空間の広がりを多くの地域の人々と共感できるようになりたい。グローバルとローカルは、図と地、全体と部分、普遍と特殊の弁証法をなす関係にある（(91) 2016.9）。

「旅人の身体性」とは、自らの存在をメディアとして機能させることなのだ。その作法が本当にわかったとき、もしかすると再び「世界」が手招きをしてくれるような気がする（(84) 2016.2）。

E　メディアと感性――閉じつつ開かれる世界

子どもが、はじめてメディアに接するとき、その仲立ちをするものは、まずは「快感原則」[*51]であるという現実を、僕たちはしばしば忘れがちである。それはメディアの物質性や身体性、エンタテイメント的感性との関係を軽視させ、結果、今日まで王道の「理性主義的メディア論」は、これらを説明のつかないこととして、皮肉にも公然と放置してきた。

メディアが理性的な振る舞いを示して欲しいと考えるのは、ジャーナリズムのある種の「願い」のようなものであり、その根底には社会が一部の成熟した大人のものであるという、アナクロな世界観がある。もはや現実は、それとは全く逆転している。子どもの知覚の発達の原点にはマンガやゲーム、テレビモニターやタブレットPCがある。むしろ大人よりもその習熟は早い。フロイトの鏡像段階説[*52][☞36]を考えると、これはかなり重たい問題状況だ（(62) 2014.4）。

特に、子育てにタブレットを用いるケースについては、いろいろと考えてみたい点がある。人間が生きられる世界像を獲得する過程においては、知覚と身体の動きの同期が欠かせない。タブレットに軽くタッチし、スワイプに合わせて視覚に変化がもたらされる、その慣れがもたらす感覚は、僕らアナログ世代

***51**　フロイトは心的システムとその三原理（局所説、力動説、経済説）を視覚的イメージにするために、快感原則と現実原則を両極に自我を挟みこんだ緊張関係を形成する「袋型」のモデルを描いた。快感原則の始原は身体エネルギー（エス）にあり、現実原則は社会を投影する。二原則をショートカットする超自我や抑圧も、このモデル上に位置づけることができる。

***52**　鏡像段階説を、発達心理学的に「社会性」を獲得していくプロセスとするならば、その「鏡」の役割を、テレビ以降、奥行きのないメディアが果たすことで形成される「自己意識」がどうなるかはおおよそ想像可能である。青少年への影響問題を、「内容」ではなく、こうした認知科学的アプローチから早期に指摘できなかったのであろうか。

☞36　ジークムント・フロイト『自我論集』（ちくま学芸文庫、一九九六）【読書ノート15】

の想像の彼岸にある。

もうちょっと成長した男の子たちの「二次元の女の子にしか萌えない」というセリフについては、どこまでが本心でどこからがネタなのかよくわからないが、アキバやコミケの様子などを横目に見る限りでは、彼らはアニメをもはや僕らが理解している意味で「コンテンツ」とはみなしていない——モニター上の世界を普通に現実の一部として受容し、キャラクターと同化していることは確かだ（⑥⑤ 2014.7）。

ボーカロイド[*53]を初めて聴いたときに感じた違和感は、その高音が生身の声域を超えていることに対する拒否反応によることはわかっている。僕の身体的『共通感覚論』[37]（中村雄二郎）が破たんしたというとなんだろう。あるいは想像可能な他者の声を、そこから聞くことができなかったというべきか。いずれにしても、理性的な解釈とは違って感性的な受容は、身体経験の有無に強く支配される。しかしここであきらめてしまっては何も始まらない。

新しい世代に生まれ始めている感性は、その『共通感覚』を機械に対しても「開く」ことができるのかもしれない。これは「良い／悪い」の問題ではない。デジタル技術が、有機的個体の「閉じ」を超えて、共振する「ＢＯＤＹ」をバーチャルに設定することができるのならば——そしてネットワークを介し、他者とシェアし合えるとするならば——最近僕は、自分のアナログな感性に居

*53　もとは製品名（ヤマハが二〇〇三年に発売した音声合成技術、及びその応用製品の総称）であったが、二〇〇七年、その技術を実装したキャラクター「初音ミク」の登場以降、DTM（デスクトップ・ミュージック）制作において音声合成を用いてメインボーカルを演ずることを指す言葉となった。

37　中村雄二郎『共通感覚論——知の組みかえのために』（岩波書店、一九七九）【読書ノート29】

直る物言いを改めようと思うようになった（㉟2011.12-2012.1）。
西垣通は『デジタル・ナルシス』[38]（一九九一）の中で、人工知能[*54]の父といわれるアラン・チューリングについて興味深い取り上げ方をしている。彼が追い求めた「機械と人間の同質性」は、単に知的対象としてでなく、もっと「こころ」に近いものだったようだ。西垣はチューリングの存在をコンピュータ技術史のみならず、心性史の文脈おいても注目する。ホモセクシャルとして迫害を受け、自殺に追い込まれる彼の人生を、存在と身体との関係の「開かれ」の契機として記述した——それは、生き方の多様性に対する意識の「開かれ」でもある。

身体感覚という理系問題と、社会認識という文系問題の関係は微妙である。要は自己と他者の関係をどのように位置づけるかがポイントなのだが、かつてそれは、社会が強制する比較的単純な構図・配置の上にのせることで説明することができた。しかし現実には、既存の規範や秩序に順応できない、あるいはどうしても受け入れることができない人は、社会から排除される運命を背負ってきた。身体問題は、社会制御の下位カテゴリーとされ、弱者やマイノリティーは苦しみ続けてきた。

しかし今は違う。僕らは関係性をとり結ぶときに、目の前にいる他者と、自分とが全く違う自己認識・環境認識をしている可能性から考え始める必要があ

38 西垣通『デジタル・ナルシス—情報科学パイオニアたちの欲望』（岩波書店、一九九七）【読書ノート31】

*54 artificial intelligence＝AI。人工的にコンピュータ上などで人間と同様の知能を実現させようという思想。一般にIA（intelligence augmentation＝知能増幅、人間の補完機能として）が対立概念とされてきたが、現代の情報技術においては双方は入れ子の関係になり、さらにそのメカニズムはインターフェイスの裏に隠されている。

*55 レズビアン（女性同性愛者）、ゲイ（男性同性愛者）、バイセクシュアル（両性愛者）、トランスジェンダー（与えられた性と自認する性の不一致）など、セクシャル・マイノリティの自意識を総称する言葉。しかし人口に膾炙するにつれ、本来ノーマライゼーションを目指してきた「LGBT」が、それ自身によってさらなるラベリングと差別を加速させるパラドックスを生んでいるとの指摘もある。

る。ダイバーシティーやLGBT*55という言葉が人口に膾炙されるようになって、そのことを理解できる人も徐々に増えてきた（88 2016.6）。だからこそ、バックラッシュもひときわ激しくなっている。多様な価値観に耐えられない人々、それ以上に同質性の中に安住したい人々の欲望が膨れ上がり、過激なヘイトクライム*56が頻出する社会になってしまった（71 2015.1）。

ベネディクト・アンダーソンが暴いた『想像の共同体』[39]（一九八三）の原理は、言語使用によるものであったが、現代の共同性の成立の可否ははるかに複雑な条件に左右されている。それは新聞やラジオといった言語解釈を中心におくメディアから、テレビの時代を経て、使用者の存在自体を遍在させるような（ユビキタスな）*57デジタルメディアへと移り変わっていったことと同期している。僕たちは、もっとメディアと身体の問題を丁寧に議論しないといけなかったのだ。特にスマートフォンが最もスティッキーなメディアになった現代では（51 2013.4-5）。

もはやデジタルメディアは、近代を支配していた「アイデンティティの神話」が、既に無効になっていることを隠しはしない。しかしそれはアイデンティティそのものが不要になったという意味ではなさそうだ。ネットゲームにおけるアバターの存在、そしてソーシャルメディアに散らばる多重アカウント、インスタグラムに百枚単位で大量生産されるセルフィー。これらは「多元的自

＊56　憎悪犯罪の意。二〇一六年は、相模原障害者施設殺傷事件や、トランプ支持者による暴行の多発など、弱者や異なるコミュニティに対する「憎悪」が直接行動にエスカレートする出来事が続いた。しかしこれらの事件で見逃してはいけないのは、「憎悪対象」への暴力がナイーブな自己肯定の手段となっている点である。「ヘイト」は原因ではなく結果なのだ。

39　ベネディクト・アンダーソン『定本　想像の共同体―ナショナリズムの起源と流行』（書籍工房早山、二〇〇七）【読書ノート02】

＊57　ユビキタス＝遍在する。ケータイの普及期である一九九〇年代に、小型化するコンピュータと無線ネットワークによってイメージされていたこの概念も、すでに死語のカテゴリーに入るようになった。今日は、Wifiがあって当たり前。常時接続された世界は、端末と操作主体の関係を完全に逆転させてしまっている。

己」なのか、それともデジタル時代の新しいアイデンティティのあり方なのだろうか（92 2016.10）――過剰に晒すか、ひきこもるか、いずれにせよ、「自己」を守ろうとする意識であることは間違いない。

だからポスト・ヒューマン[*58]の時代が来たと簡単に言い放ってしまうのは、どうかと思う（㊴ 2012.5）。僕らは自らを「機械化」してしまうディストピアへの道だけを歩いてはいない。なぜなら『攻殻機動隊／THE GHOST IN THE SHELL』[40]の主人公、脳髄の一部だけを残して義体化した「草薙素子」の悩み――自分は、果たして人間なのであろうか――は、意外にも普遍的な哲学的問いだから、なのだ。

彼女がデジタル・ネットワーク上に誕生した疑似生命体と交信することによって「覚醒」する（新しい共同性の媒介になりうる可能性を示す）というエンディングは衝撃的であった。しかし、有機身体固有の「閉じ」から解放されることによって「自由（＝新しい開け）」を手に入れるというストーリーは、他者と共存することによって生きること（社会を形成すること）を人間存在の本質と考えるという意味で、思い切り古典的な結論ですらある。ただそれを理性主義的な解決にゆだねることができなくなっただけだ（㉒ 2010.12）。

感性とメディアの関係史は、キットラーやマクルーハンが言うように、おそらくテクノロジーと身体の出会いに遡ることによって、語りなおすことができ

*58 ロボット工学や生命科学の発達で、人間が人間の限界を超えるイメージを獲得したとき、しばしばこの語は用いられる。しかしそれらは、生と死や肉体や性や個別性までも超えた存在として想像されるかと言えば、そうでもない。「ポスト・ヒューマン」はいまだに被造物の地位から飛躍できないでいる。それはおそらくそれを想像する主体が「まだ人間」なのだからではないか――これは一種の救いでもある。

40 士郎正宗『攻殻機動隊／THE GHOST IN THE SHELL』（講談社、一九九一）【読書ノート27】

るだろう。もう少し「メディア論」は時計の針を巻き戻すべきなのである(㊸2012.9)。そうでないと感性の秘密を対象化できないまま、人間として自らの存在を「問う」能力を、失ってしまうかもしれない――本当に恐れるべきは――ポスト・ヒューマンが招き入れる危機的状況とは、このことなのである。

あとがき——二〇一七年以降の「僕」と「世界」と「メディア」

『メディア分光器』の既定の文字数は十七文字×五十四行である。一千文字に満たない短いコラムではあるが、毎月休まず百回近くも続けてきたことには、それなりの感慨はある。しかし所詮は「書き捨て」の独り言、僕自身、なにかまとまった形になるものとは、全く思っていなかった。それが……二〇一六年の正月、担当の月刊『望星』の寺田幹太さんから来た、いつもの締め切りの連絡メールの最後に、なんと「単行本化のご相談を」の一言。そこから一冊の本にまとめるまでの、一年間の二人三脚の作業がはじまった。

「書き散らしは決して無駄ではないですよ、それをベースとした知的思考ができるのがアーカイブ時代じゃあないですか」——寺田さんから、そう言われて「はっ」とした。そうだ、こうやってエノンセ（言表：言い得たもの）の総体（＝「普遍的アーカイブ組織」）にきちんと向き合うことこそが、『知の考古学』なんじゃないか！——その時の寺田さんの顔は、まるでミシェル・フーコーのように見えた（これは嘘）。

デジタル・アーカイブに関するプロジェクトには、この十数年、様々なかたちでかかわってきた。しかし構想が立派でも資料が蓄積されていかない、あるいは運用が追い付いていかないといったケースか、逆に、潤沢な資料があっても、それにきちんとメタデータをつけて構造化していくことができないといったものがほとんどであった。設計・構築と収集・蓄積と整理・分析が一体となる必要がある——その困難が、このところどのプロジェクトでも高い壁となっていた。『メディア分光器』の九十三本のコラムは、そのジレンマを乗り越えるヒントになったといえる。

何しろ自分が書いた原稿である。時がたって読み返すのはなんとも照れくさいが、その束には、縦横に走るいくつもの「筋（光）」が容易に見えた。そしてその「筋（光）」はコラムの連なりを突き破って、様々な外部を指し示す「矢印」になっていた。よし！　小さなアーカイブを作ってみよう。その設計図が、本書の三つのインデックスとなっている「時の流れを読む」「対象（メディア）を読む」「自ら（の思考）を読む」である。

連載が始まった二〇〇九年からの時間には、本当に「社会の変化」「人々のこころの変化」が凝縮している。でも原稿を振り返るごとに突き付けられたものは、僕たちはこのわずか数年で、すっかり「希望」を口にすることができなくなったという、目を背けたくなる現実だ。転機は二〇一一年にあった。国内では東日本大震災、そして国外ではテロリズムの横行。いずれもその直前に「希望」への道が見えかけていただけに（国内では政権交代、国外ではアラブの春をはじめとした動き）、やりきれない想いは強い——しかも、その止めは二〇一六年のまさかの「アメリカ大統領選挙」である。

思考は、「外」と「内」をつなぐ作業である。「外」に絶望が広がっているときこそ、「内」側のその最奥にある巨人たちの声に耳を澄まさねばならない。「自ら（の思考）を読む」のインデックス原稿を書きながら、ご無沙汰していた古典的著作を何冊も手に取った。今回「読書ノート」に挙げた本は、そのごくごく一部（コラムやエッセーに書名を謳ったものだけに限ったもの）である。学生時代以来、三十数年ぶりに手に取ったものや、どこに行ったか分からなくなり、改めてAmazonでとりよせたものもあった。そういった懐かしい本とも、久々に新鮮な出会いをした。

一つひとつのコラムは、基本、僕の日々の仕事の記録である。そこには大学のゼミや、「メル・プラッツ」（メディア・リテラシー・プロジェクト）や民放連プロジェクト、北仲スクール（横浜文化創造都市スクール）、「メディフェス」（市民メディア全国交流集会）、ＢＰＯ（放送倫理・番組向上機構）e.t.c. そしてまだまだ形になりきらない「記憶と生活」（アーカイブとアーカイブをつなげる）プロジェクト――その外側には、いずれも既成の「メディア」がある。その殻を破って、未来を拓けるか。そのカギを握るのは、現場の人々、地域の人々、そして学生たちである。

こうやって八年間も、じたばたもがいてきたことで、少しずつ確信に近づけたこともある――それは、「ことばのつながりをつくる」ことが何より大切だ、ということである。暴力は、言葉が破たんしたときにその隙間に入り込む。だから力を行使したい欲望に駆られる者は、わざと「言葉」を虚しくさせる。世界の政治的な「リーダー」といわれる人々が、そして巨大「メディア」がそのような方向にこぞって向かっている。それが二〇一六～二〇一七年に、次々目に入ってくる悪夢のような情景である。戦うべき「敵」ははっきりしている。

「メディア分光器」はいつまで続くかわからない。でも、『テレビジョン・クライシス』のあとに、このような形で「つづき」を著すことができて幸せである。この八年間に出会ったすべての方に、感謝したい。

二〇一七年一月

水島　久光

01　モーリス・アルヴァックス『集合的記憶』

（小関藤一郎訳、行路社、1999）……………………………………………………250,265

我々はテレビのことを「集合的記憶装置」と言いたがる。しかしそれは「お茶の間で家族とともに視た」とか「同じ番組を見た世代同士の共感」といった経験に根ざした物言いにすぎない。もちろんこの本の著者アルヴァックスは1945年に亡くなっているので、そこに直接に理論的裏づけを求めることはできない。しかし、逆にそうであるからこそ、我々は記憶をどう社会化しているのかという問いをもつし、それに通時的観点から示唆を与えてくれるこの本に魅力を感じる。記憶を創り出すのは「持続」と「安定」の働きである。それを支えるものが身近な関係性（集合性）と抽象的秩序（歴史性）である。これらがそれぞれの方法で時間を切り取り、「記憶」をなす。だからその「記憶」の中身がどんなものかは、まったく「状況依存的」なのである。

02　ベネディクト・アンダーソン『定本　想像の共同体―ナショナリズムの起源と流行』

（白石隆・白石さや訳、書籍工房早山、2007）……………………………………………280

「日本人らしさ」「我が国独自の」といった言葉が、まことしやかに流通する嫌な時代である。こうした言葉が名指しするものの多くが、明治以降、近代化の歴史の中で「作られた」ものであることを、どれだけの人が自覚しているだろうか。「国」とは「想像」の産物である。国民国家――アンダーソンは、そのメカニズムを言語の地域的まとまりの生成史に求める。古くはヨーロッパにおける聖書の翻訳、そして国語の制定、植民地の言語的支配など。いずれの中においても新聞そして出版という「言語を運ぶ」メディアの存在が注目される。ナショナルの縁を区切った言語が、それを超えて流通するネット時代に、「想像の共同体」はどう変化するのか。1987年（リブロポート）、1997年（NTT出版）と今回。10年ごとに加筆・翻訳され更新されつづけるこの本から、その変化の手がかりが見えてくる。

03　マックス・ウェーバー『権力と支配』

（濱嶋 朗訳、講談社学術文庫、2012）……………………………………………………260

ウェーバーの大著『経済と社会』（1922：死後公刊）の中の「支配の諸類型」の中から訳出され、1967年に有斐閣から最初に出版された。以降、社会学の「原典」として位置づけられ、僕も35年前の学生時代にチャレンジした。が、なかなかの手ごわい一冊である。有名な支配の三類型から、合法的支配の極みの官僚制まで――言ってみれば、全編「概念定義」で埋め尽くされている。しかし、その端々に「はっ」とする一文がある。例えば冒頭の「支配」の定義。「勢力」「影響力」イコール「支配」ではない。そこには「千差万別の服従の動機」（p.23）がある。そしてそこに「正当性の信念」（p.25）が付け加わる――なるほど。具体的な事象が目に浮かぶ。時代は「カリスマ的支配」に回帰しているような仮象を呈しているけれど、それは本質なのか見かけなのか。久々にこの本を携えて、検証してみたい。

04　ウンベルト・エーコ『物語における読者』

（篠原資明訳、青土社、2011）……………………………………………………………004

2016 年までに、多くの 20 世紀の知の巨人が鬼籍に入ったが、エーコの死が与えた衝撃は、僕にはとりわけ大きかった。「小説家であり、哲学者でもある」という肩書は、彼の巨大な仕事の足跡をあまりに単純化する物言いでしかないだろう。それは理論と実践を架橋するということであり、それは行為とメタ次元の思考を自由に往来できるパワー無しでは不可能だ――その点でいえば、彼は天才的な努力家だった。名声を高めた『薔薇の名前』刊行の前に書かれたこの論文集には、対になる本がある。それは『「バラの名前」覚書』（而立書房、1994）である。『物語における読者』が「設計図」だとするなら、後者は「自身によるレビュー」である。エーコが亡くなった今、まさに目の前に積まれた「テクスト」は、僕らに「アーカイブ」としての読み解きをせよと、笑顔で迫ってくるようだ。

05　フリードリヒ・キットラー『グラモフォン・フィルム・タイプライター』

（石光泰夫・石光輝子訳、筑摩書房、1999）………………………………………………240

ここ数年、僕は「エンタテイメントメディア論」という授業の副読本として、この序言と導入を使っている。エンタテイメントを支える「感性」と「メディア」の関係が始まった――テクノロジーが直接に五感の対象を記録するようになった 1880 ～ 1920 年に照準をあて、その時代に生まれる不安と慄きから、メディアの分離と統合のダイナミズムを浮かび上がらせ、戦争の時代、さらには「グラスファイバー・ケーブル」による不可視の時代を見通す。博覧強記の冒険的論述には本当にわくわくする。何しろ思い切りのいい物言いの連続である。「われわれのおかれている情況を決定しているものはメディアである」。ディスりも半端ではない。「マクルーハンは自分の著書の題で『メディアの理解』といったが、メディアを理解することなど不可能なのだ」――ああ、気持ちいい。僕もこんな文章を書いてみたい。

06　ジェームス・J・ギブソン『生態学的視覚論―ヒトの知覚世界を探る』

（古崎 敬・古崎愛子・辻敬一郎・村瀬 旻訳、サイエンス社、1986）……………………………274

言わずと知れた「アフォーダンス」の原典である。情報は環境の側にあり、それは動物に対して「意味ある」ものとして提供（afford）される――このロジックに出会ったとき、僕自身のデカルト的世界観はひっくりかえった。例えば僕たちが、ドアノブを摑もうとするときに、手をドアノブに向けて差し出すのは、そうした情報が「ドアノブ」の側から与えられるから、という具合である。フッサール現象学の「受動的総合」の概念にも近いが、それよりもギブソンの凄さは、こうした「知覚―行動」の説明原理に留まらず、我々が生きられる、調和のとれた空間全体のイメージに広がる理論を提示したからだ。「エコロジーとは何か」を考える出発点もここにある。佐々木正人『アフォーダンス』（岩波書店、1994）もおすすめ。

07　カルロ・ギンズブルグ『チーズとうじ虫— 16 世紀の一粉挽屋の世界像』
（杉山光信訳、みすず書房、2012）……250,266

ギンズブルグを初めて手に取ったのは最近である。2012 年春、パテ・ベビーに関する報告を初めてしたとき、友人に「ギンズブルグの世界観に似ているね」と言われたことが始まりだった。「ミクロストリア＝小さな歴史」、最初はその語感に惹かれただけであったが、歴史を捉え返す、新しい叙述の「方法」として高い精度と思想に裏づけられていることを知るほどに、これは映像アーカイブの理論として援用可能なのではないかというインスピレーションが沸いた。映像に「写り込んでしまった」もの、その断片を、与えられた物語に引きずられずに、そこに内包される関係性を壊さずに扱う——ヴァルネラブルな（傷つきやすい）フィルムのメタファーにも思えた。文献史学へのオルタナティブ中のオルタナティブが、「時代の異端」を追いかけている——その姿勢自体に共鳴したのだった。

08　ヴォルフガング・シヴェルブシュ『鉄道旅行の歴史—19 世紀における空間と時間の工業化』
（加藤二郎訳、法政大学出版局、1982）……197

メディア論を勉強するために入った大学院で、もう一冊の本（『闇をひらく光』法政大学出版局、1982）とともにこの著者と出会い、覚醒した。そうか「メディア」を「メディア」たらしめているのは、我々の感覚なのだ。その意味ではシヴェルブシュは、キットラーがフォーカスした一つ前の時代を描いているともいえる。彼が丁寧に追った「照明」と「鉄道」はいずれも我々の生活に新しい世界を——一方は「夜」を恐怖から解放し、もう一方は「距離」に「速さ」を加えた。特に後者は、「身体」から「視覚」が分離する、ぞくぞくする感覚を与えてくれた。それがメディアの発展を下支えしているという驚き。子供の頃、なぜ反対に座ってまで電車の車窓に夢中になったのか、その理由が分かった。そういえば、ハイビジョンが普及し始めた頃、やたら鉄道番組が多かった。そして僕は、今でも旅好きで「車窓マニア」である。

09　マイケル・トマセロ『コミュニケーションの起源を探る』
（松井智子・岩田彩志訳、勁草書房、2013）……244

「言葉は本能ではない」——この刺激的なテーゼは、トマセロの多くの著作を貫く「言語」への一つの明確な態度を示している。それは、直接的にはチョムスキーの生成文法理論に対する批判であり、間接的には西欧近代を支配してきた理性主義とロゴセントリズムへの決別宣言である。中でもこの本は、「では“本能”ではないとすれば何なのか」という問いに明確に答えている。そのカギが「指差し」と「ものまね」だ——「指さし」（直示的身振り）こそが基本的であり、「物まね」（アイコン的身振り）はその上に加わる。ブーニューの「記号のピラミッド」を認知言語学・発達心理学的に解釈したもののようにも見えるが、この知見、そもそもは大型類人猿のコミュニケーションの観察から得られたというのが凄い。蛇足だが、ペットとのコミュニケーションにも言及していて、犬好きにも納得なのである。

10　マイケル・トマセロ『ヒトはなぜ協力するのか』

トマセロの言語発生理論の核をなす「指差し」「ものまね」は、コミュニケーションの協力モデルである「共有志向性」、すなわち「ともに生きる」空間認識に根差している。それによって「共同注意フレーム」「伝達意図の理解」「役割交代を伴う模倣」の三つの段階が後成的に「能力」として獲得されるのだ。このプロセスの前提に、我々の言語に備わっている共同性があるとトマセロは指摘する。しかしこの本の中で彼は嘆く。「もちろん『ヒトは協力する天使たちだ』というわけではありません」「ひとびとが協働し、ひとつの集団として考えるように仕向ける最良の方法は、敵を特定し、『かれら』が『わたしたち』を脅かしていると非難することなのです」（p.84）――それは今日、世界中に広がる情景である。

11　ユルゲン・ハーバーマス『公共性の構造転換―市民社会の一カテゴリーについての探究』

批判理論から出発し、言語論的転回へと進んでいくハーバーマスの仕事の「原点」ともいえる1962年の著作。その後発表される『理論と実践』『認識と関心』などの理論色の強い作品に比べ、歴史実証主義的で、民主的コミュニケーションの基本的機能が「コーヒーハウスにあった」などの指摘には、メディア考古学の香りすらする。しかし、何かと物議をかもした一冊である。1960年代の世界的な学生争議を先導したとか、その強い理性主義に対する反発とか――日本でも、Öffentlichkeitに対する訳語（「公共性」か「公共圏」か）の問題や、マス・メディアの倫理との関係など。ともあれ、この本をどう読むか、さらにはこの思想家とどう向き合うかは、思想や哲学を実践にどう接続していくかについて考える試金石になる。ちなみに僕の学部時代の卒論は彼の思想がテーマ。僕自身の出発点でもある。

12　ミシェル・フーコー『言葉と物―人文科学の考古学』

言葉（言われた／言われうる「こと」=言表）が束ねられて言説をなし、その言説が一定の秩序のもとに束ねられて「言説形成体」たるアーカイブをなす――というその「定義」の実践編。この本（1966）と3年後に書かれた『知の考古学』が、フーコーのアーカイブ論（アルシーヴ学）の基準点といえる。特に第1章の『侍女たち（ラス・メニーナス）』に関する論考は（彼自身が、どこまでそれを意識したかは別として）、今日のメディア社会における「表象」の問題――すなわち「書（描）かれたもの（者）」と「観るもの（者）」の複雑なまなざしの攻防を浮かび上がらせた。僕たちの「知」の持ちようを、どのように描かれる平面に「奥行き」として読み込むか。そしてさらに、そこに歴史の節目（地層）を見出すという課題。フーコーがもし、現代のデジタル社会を見ることが出来たら、何を言うだろうか。

13　ミシェル・フーコー『臨床医学の誕生』

（神谷美恵子訳、みすず書房、1969）……………………………………………………021

フーコーの初期の研究の狙いは、古典主義時代に成立した「医学」「政治経済学」「生物学」といった学問の輪郭が、その自己組織的な運動によって形成されたさまを描くことにあった。1961年の『狂気の歴史』と1963年のこの本に著された病理なるものへの注目には、諸学あるいは知の体系を横断する「方法」と、権力批判という「目的」双方への関心の萌芽が含まれている。確かに冒頭の一文「この本の内容は空間、ことば、死、まなざしに関するものである」は、その後の大きな認識論的転回を予感させる。しかしそうであっても、病は依然「見えざるもの」でありつづけている。僕は、父が脳梗塞で倒れ、長い入院生活を送る中で、この本を読みなおした。AIDSに命を奪われたフーコーの、皮肉な運命を思う。

14　ダニエル・ブーニュー『コミュニケーション学講義—メディオロジーから情報社会へ』

（水島久光監訳、西 兼志訳、書籍工房早山、2010）……………………………045,238,243

1990年代に注目を集めた「メディア研究」のムーブメント、メディオロジー。レジス・ドブレ、ベルナール・スティグレールとともに、その指導的役割を担ったブーニューの邦訳本は、今のところこれ一冊である。彼の直接の教え子である訳者、西兼志の紹介がきっかけで、夢中になってフランス語の辞書をめくって読んだ。監訳者を名乗れるような立場ではないが、多くの人に読んでもらいたいと心から思った。ブーニューはドブレと異なり、媒介作用よりもコミュニケーションのメカニズムの解明を理論の中心におく。そしてパースの記号論の大胆な解釈（「記号のピラミッド」）が、ネット社会も射程においた「意味の閉じ／開き」の説明原理として躍る。記号論とメディア論の接続を図るとき、僕は今でもブーニューに多くを依拠している。

15　ジークムント・フロイト『自我論集』

（竹田青嗣編、中山 元訳、ちくま学芸文庫、1996）……………………………………278

僕の授業「エンタテイメントメディア論」のもう一つの理論的支柱はフロイトである。近代的理性と自覚された意識の外に、「楽しみ」「涙し」「感動する」——無意識に「こころ揺さぶられる」自分がいることは、どのように説明すべきなのだろうか。この「こころ」のメカニズムをフロイトは一つのモデル図に集約的に描いた。「自我」（「わたし」）を「意識」「前意識」「無意識」のレベルに構造化し、その底辺に巨大な「エス」を置き、「超自我」を脅威を与えるポジションに据えた「心的装置」は、今日でも相当な説得性を持っていると思う。「欲動とその運命」「抑圧」「快感原則の彼岸」「自我とエス」など、このモデルの理解につながる8編が、この文庫本で一気に読める。

16　エーリッヒ・フロム『自由からの逃走』

（日高六郎訳、東京創元社、1965）……………………………………………………146

35年前の学部生時代に出会い、タイトルにグッときた本。書かれたのは1941年、まさに渦中において行なわれたナチズム批判なのだが、学生時代よりも、現在の方がより切実な感覚を持って読め

る。精神分析を社会学に近づけた功績を言われることが多いが、主題は、むしろアドルノ+ホルクハイマー『啓蒙の弁証法』(岩波文庫、2007) に近く、近代的理性のアンビヴァレンツを描くことに向けられている。その中でもフロムの関心の中心にあるのは、「人間の弱さ」「愛」「利己心」のような日常語的カテゴリーの問題である。それ故に、研究者の中では入門的位置づけとされてきた。しかし、むしろ僕たちはこうした日常語の危うさにもっと敏感にならねばならない。その意味で、今こそ読み返すべき一冊である。

17 オギュスタン・ベルク『風土学序説—文化をふたたび自然に、自然をふたたび文化に』

(中山 元訳、筑摩書房、2002) ……250

2015年10月、ある人の仲介で、僕はベルクと東北の津波被災地を歩き、語るという時間を得た。静かに、周囲に気を配り、語る人であった。著作はその人の存在の記録であるということを実感した。さてベルクの「風土」概念は、よく知られているように和辻哲郎に強い影響を受けている。しかしベルクは、その語をヨーロッパの知的伝統の上に置きなおす。地理学の概念である écoumène あるいは milieux にこの語を当て、人間=自然の分かちがたい存在を認識する通態的理性によって、動的に築かれる「世界」を構想する。本人も言及するように、アフォーダンスやオートポイエーシスともパースペクティブを共有し、技術の学たるメディオロジーにも目配りを怠らない。「人間環境学」の原典として、もっと読まれていい本である。

18 ヴァルター・ベンヤミン『複製技術時代の芸術』

(佐々木基一編集・解説、晶文社、1999) ……054

この本が「メディア研究」の原理論の一つに位置づけられる理由は、「複製技術」に積極的に言及をしたという一点に尽きる。しかしここでベンヤミンが対象としているものは写真であり、せいぜい映画であることに注意する必要がある。まだ彼はその時代の「入口」にいたに過ぎない。それなのに、ここまでセンシティブに「世界の変化」を見ていたとは——そのことにむしろ驚かされる。とはいえ実は、彼の本来の関心はその「変化」によって危機に向かう「複製されざる何か」に向かっている。有名な「アウラ」は「届かないもの」「直接見ることのできない対象」以上の積極的な定義はなされていない。オリジナルとコピーの対立や、リアルタイム的一回性に僕らはこの概念を矮小化し、あるいはマジックワード化してこなかっただろうか? CGとコピペの時代だからこそ、繰り返し読みたい一冊である。

19 ヴァルター・ベンヤミン『[新訳・評注]歴史の概念について』

(鹿島 徹訳・評注、未来社、2015) ……187

ベンヤミンの「歴史の概念について(歴史哲学テーゼ)」は、彼の自死(1940年9月)に至るパリからの脱出直前に残されたいくつかの未定稿から、今も定本づくりが試みられている。僕が初めて出会ったのが1969年の野村修訳の晶文社版だから、この2015年版の訳者鹿島徹によるイントロダクション・評注を読むと、まるでドキュメンタリーのようにベンヤミン自身のこと、多くの日本の訳

者・評者も含めた、その間に出会った、彼に心を動かされた人々のことが脳裏を巡る。もっとも有名なⅨテーゼ「新しい天使」と「瓦礫」「背を向けている未来」「強風」（p.54-55）のイメージ。ここには明らかにアンビヴァレンツがある。しかしそこから彼は「絶望」に至る。その過程を今だからこそ詳細に知りたいと思う。

20　リチャード・ホガート『読み書き能力の効用』

（香内三郎訳、晶文社、1986）……042

1996年3月に、スチュアート・ホールらを招いて東京大学で開かれた国際シンポジウム以来、我が国でもカルチュラル・スタディーズはブームになったが、なかなか（今もなお）その中心人物の著作の邦訳は進んでいない。そんな中で、比較的早い時期に邦訳が手に入ったのが、この本とレイモンド・ウィリアムズの『長い革命』（ミネルヴァ書房、1983）だった。カルチュラル・スタディーズを、理論をベースとした研究群と考えてはいけない。これはニュー・レフトゆえの問題意識に支えられた「運動」だったのだ。ホガートがなぜ「読み書き」を主題としたのか。それはその後の、メディア・リテラシーという「運動」の広がりと重ねて考えるとなかなか意味深長である。階級闘争は、今も続いているのだと思う。

21　マーシャル・マクルーハン、エリック・マクルーハン『メディアの法則』

（高山 宏監修、中沢 豊訳、NTT出版、2002）……252

マクルーハンが最晩年に息子のエリックとともに残した「遺言」。1964年の『メディア論』（Understanding Media: the Extensions of Man）以降、メディアなるものは「人間の機能の拡張」をもって本質となすとの「理解」が我々に広がった。この『メディアの法則』ではそのダイナミズムを「テトラッド」というモデル——すなわち「強化」「衰退」「回復」「反転」の4つの相で捉えられるとし、様々な対象で検証を試みる。そして彼は、この「法則」によってテレビ、報道といった狭義のメディア論の対象から、冷蔵庫や薬、売春宿まで、あらゆる「人工物」に「メディア性」を見出す。そうか、流行語のように扱われた彼のアフォリズムも、こうやると一つの全体像を結ぶことができるのか、と思った。マクルーハンは決して預言者ではなく、むしろ現象学のセンスをもって冷ややかに「世界」を見ていたのだ。

22　アルベルト・マングェル『読書の歴史―あるいは読者の歴史』

（原田範行訳、柏書房、1999）……160

この本の冒頭には、「黙読する人」の絵が並んでいる。その時は確かに、こっちの世界にいながら、本の中の世界に思考は飛んでいるわけで、その姿を見るということは、いわばそこに異次元空間への入り口を見ることに等しい。当たり前のように感じている「読む」という行為の不思議さ。マングェルはそれを本というマテリアルから一旦引き離し、星、地形、獣の足跡、ジェスチャー、絨毯の模様、精神病患者、等々に広げる。この本来多様であったはずの「読む」世界が、なぜ本という物質形態と二人三脚で、これだけ長い歴史を刻んで来たのか——本であることの必然性と、本であ

ることによって消されてきた可能性に迷い込むための一冊である。

23　河本英夫『オートポイエーシス―第三世代システム』

マトゥラーナとヴァレラが見出した「オートポイエーシス」という概念。そこに到達するために、我々がいかに「生物」を理解してきたか、その歴史をたどる一冊である。河本は「オートポイエーシス」を「ホメオスタシス」「自己組織化」に続く、第三のシステム論として説明している。その根底にあるのは、どうやったら生物の個体の保持を説明するのかという問題意識だ。誰だって、小さい頃からオタマジャクシからカエルへの変身は謎だったし、理科の教科書で「プラナリア」の分割にぎょっとした経験はあるだろう。しかし「オートポイエーシス」がそれまでのシステム論と一線を画すのは、それが情報の理論であるからだ。だからこそ「入力も出力もない」「閉鎖系」との見方も成立する。そこには「社会は生き物のようだ」という言葉を単なる比喩のレベルにとどめないインパクトがある。

24　小林信彦『テレビの黄金時代』

テレビ・バラエティの誕生を当事者として目撃した小林のフォーカスは、主に二人の人物に当たっていた――それは、井原高忠（日本テレビ）と、坂本九である。実はこの本の「主人公」格はもう二人いるが（植木等と萩本欽一）先の二人に較べると、小林の「愛」がやや薄い――というか、少々客観的に論じられているように思う。「黄金時代」のピークは、早々と下降線を迎えていると小林は感じていたようだ。「テレビとは何者か」「何ができるのか」という問いがあったからこそそのクリエイティビティだったのだろう。『お前はただの現在に過ぎない』の三人とも、ジャンルを超えて、その感覚は共有されていたように思う。最終章「五十年後の荒野」という言葉がつらい。冒頭章で詳細に記された「光子の窓」「イグアノドンの卵」（日テレ、1960）は、横浜の放送ライブラリーでも視聴可能である。

25　齋藤純一『公共性』

かつて一時「公共性／公共圏」研究は、ハーバーマス原理主義的に考えられていた時代があった。その偏狭な志向性を広げてくれたのがこの本である。齋藤がハーバーマスの「合意形成」に見られる過度な理性主義を脱し、ハンナ・アーレントの「現われの空間」、フーコーの「生政治」の概念へ「公共性／公共圏」の問題のバトンを渡していく手腕は、その後のメディアの主役交代を考えると、見事である。その原点には、ハーバーマス読解に拘泥しない、彼自身の「公共性／公共圏」の解釈がある。冒頭［はじめに］に示された“Official・Common・Open の合成概念としての Publicness”――この本と出会って以降、これは僕の「公共圏論」の出発点ともなっている。アーレント『人間の条件』（ちくま学芸文庫、1994）、『フーコー・コレクション〈6〉生政治・統治』（ちくま学芸文庫、2006）とともにじっくり読みたい。

26　桜井均『テレビは戦争をどう描いてきたか—映像と記憶のアーカイブス』
(岩波書店、2005) ……………………………………………………………………………………262
桜井均のことを僕はしばしば「人間アーカイブ」と呼ぶ。彼の頭の中には、まるでNHKのドキュメンタリー史が映像ごとまるまる入っているようであり、その名人芸ともいえる複数の作品を再編集し資料として提示する研究手法は、アーカイブ研究とメディア実践を接続する画期的なものといえる。2005年——戦後60年には、佐藤卓己『八月十五日の神話—終戦記念日のメディア学』(ちくま新書)、坪井秀人『戦争の記憶をさかのぼる』(ちくま新書) など、多くの「戦争」と「記憶」の関係を問う本が世に出た。その中でもこの本の、対象に単に歴史学的な眼差しを注ぐに止まらない (桜井自身がドキュメンタリー制作者であることによる)「自己省察」的考察は、述懐の「モノローグ性」を、どうやって社会的対話の場に開いていくかという切実な問題提起を含み、傑出している。あれから10年、まだ僕たちはその問いに答えられていない。

27　士郎正宗『攻殻機動隊／THE GHOST IN THE SHELL』
(講談社、1991) ……………………………………………………………………………………281
1989年「ヤングコミック海賊版」で連載が始まってからなんと四半世紀が立っているのに、まるで全く新しい話題の作品であるかのように、今なお次々と映画などがリメイクされ続けている。1980年代アメリカのサイバーパンク・ブームに乗ったもののように、「あとがき」で本人は控えめに語っているが、それをはるかに超える内容と漫画表現へのチャレンジがあるからこその魅力なのだろう。その理由は、この作品がデジタル・テクノロジーとネットワーク社会の本質を的確にとらえていることに集約される。主人公：草薙素子の苦悩とそれからの解放は、我々が「個体=身体」と「生命」の間の根源的矛盾をどのように止揚しうるか——それを受け入れられるかにかかっている。素子の最後のセリフ「さあて、どこに行こうかしらねえ…ネットは広大だわ」は、まるで「近代の超克」宣言のようにも聞こえる。

28　徳田雄洋『震災と情報—あのとき何が伝わったか』
(岩波新書、2011) ……………………………………………………………………………………269
東日本大震災から半年間、気持ちだけが焦りに囚われるだけで、正直僕は全く身動きが取れずにいた。発災直後の報道やネット言説に翻弄され、犯した自分の様々な「判断ミス」が、ある種のトラウマになっていたのかもしれない。そこから救ってくれたのがこの本である。災害からの時間の経過、その節目は、我々に次々と異なるアジェンダを要求する。一般論としては言われてきたことではあるが、それを徳田は極めて冷静に、実証的につづっていた。それから5年以上が経過した。以来僕は、徳田の続きを書かなければと思い続け、未だできずにいる。言い訳にはなるが、それは一人では書けないことがわかったからだ。この本は「震災アーカイブ」の意味を考える入り口でもある。

29　中村雄二郎『共通感覚論―知の組みかえのために』

(岩波書店、1979)……278

会社員になって7～8年目の頃、現代美術や現代音楽にかぶれていた時期が僕にはあった。作品が美的に評価できるか以前に、その「美的」とみなす感覚の自明性に異議を唱える知性にあこがれた。その時に知ったマルセル・デュシャンやジョン・ケージなどの試みを支えているのは「共通感覚」であることを中村はずばり指摘していた。共通感覚と、常識、コモン・センスは近似した言葉でありながら、全く逆の志向性をもつ。しかし、こうした「隠れた感覚」が言語を獲得し、記憶を生成しているとの認識は共有しうる。五感のマネジメント、身体におけるその統合への気づき。その指摘はキットラー的でもあるし、フロイト的でもある。集合性という意味でいえば、アルヴァックスが縦糸であるとすれば、横糸にあたると言えるかもしれない。「テレビが我々の感性にもたらしたもの」を探る手掛かりにもなる。

30　萩元晴彦、村木良彦、今野 勉『お前はただの現在にすぎない―テレビになにが可能か』

(朝日文庫、2008)……266

かつてテレビは「前衛」のメディアだった。それはこの本（1969 初版）の独特のクリエイティビティとも重なって見える。詩のような、散文のような、ドキュメンタリーのようなトーン。それは萩元と村木による伝説のドキュメンタリー『あなたは』(TBS、1966) のリズムを彷彿とさせる。TBS 闘争がきっかけとなって、今野を加えた三人は我が国で初めての制作プロダクション「テレビマン・ユニオン」を立ち上げる。その過程の中で、彼らは「時間のメディア」としてのテレビの可能性と危うさに出会う。最後の「お前に捧げる 18 の言葉」が胸に刺さる。「テレビは液体である」「テレビはジャズである」「テレビは正面である」…そして「非芸術・反権力である」――と、するなら今、僕たちが毎日見てるものは、果たしてテレビなのだろうか。

31　西垣 通『デジタル・ナルシス―情報科学パイオニアたちの欲望』

(岩波書店、1997)……279

コンピュータと情報科学の時代の先駆者たちの「こころ」を主題とした画期的「物語」集。ノイマン、チューリング、バベッジ、シャノン、ベイトソンそしてウィーナーは、いかに生き、そして何に苦悶したのか――ここには「科学」と「人間」という根源的な問いがある。特に印象的だったのはチューリングの章。彼の「機械への恋」は、「生」のアンビヴァレンツを浮かび上がらせる。人形やロボット、ボーカロイドに注がれる欲望は、決して代替行為としてのそれだけでは説明のつかないエネルギーに根差している。無限増殖する情報の世界に生きることの意味を考えさせられる。この「悩める」系譜は、きっとスティーブ・ジョブズにも、マーク・ザッカーバーグにも引き継がれているのだ。

32　西垣 通『こころの情報学』

(ちくま新書、1999)……………………………………………………………………………258

情報概念を工学から人文学へブリッジする試みが、ここに集約されている。『デジタル・ナルシス』はある意味「伝記」的作品であった。その苦悶の地平に、どのように「理論」をかぶせていくか、それがこの本の主題であったと思う。西垣にとっての救いは、「情報」を生命との関係で理解する道と出会えたことであろう。ベイトソンの定義「差異を生み出す差異」を引き、「それによって生物がパターンをつくりだすパターン」という情報の定義に到達したことから、意味への問いが開かれ、「心的システム」のイメージへと発展していく。もう一人の「フロイト」と言ってもいい。僕は『基礎情報学』(NTT 出版、2004) に向かい、理論の精緻化に加速しだす前の、この時期の西垣が一番好きだ。

33　水木しげる『コミック昭和史』全 8 巻

(講談社、1994)………………………………………………………………………………201

『ゲゲゲの鬼太郎』を筆頭とする妖怪漫画作家として知られてきた水木しげるには、もう二つの「別の顔」がある。それは戦記漫画家と伝記漫画家である。特に前者の代表作『総員玉砕せよ!』(講談社、1991)、後者の代表作『劇画ヒットラー』(ちくま文庫、1990) には「死の不条理と残酷さ」「生の哀しみと可笑しさ」が余すところなく描かれ、むしろ妖怪漫画の方が、彼の戦争への思いの「ネガ」なのではないかとさえ見えてくる。現にこの『昭和史』は 1 巻と 8 巻を除き、すべてが (戦後を含み)「戦争の歴史」である。これを読むと、いかに「昭和」が戦争の時代であったかを思い知らされる。随所に戦記物の短編のエッセンスが盛り込まれている。水木漫画の総集編ということもできるのではないかとさえ思うシリーズである。

34　水越 伸『新版　デジタル・メディア社会』

(岩波書店、2002)……………………………………………………………………………254

2000 年をはさんでの水越の活動は、まさに「革命的」であった。メディアのデジタル化の認識をベースに、理論的にはメディアの問題を歴史社会的な観点からとらえるソシオ・メディア論を提唱。そして実践的には、市民のメディア表現やメディア・リテラシーを「参加」の方法論として展開した。僕自身も彼を中心としたグループ (「メル・プロジェクト」〜「メル・プラッツ」) の仲間に加わり、そこから多くのことを学んだ。様々な彼と彼の仲間の動きをつなぐ概念、それが「メディア・ビオトープ」である。「生物の棲息に適した場所」をありうべきメディアのイメージに転用したこの発想は、メディアと情報の循環が我々の「生」に対する「環境」を成すという発見をもたらした。残念ながら、まだ時代はこの時の水越に追いついていない。

35　村橋勝子『カイシャ意外史―社史が語る仰天創業記』

(日本経済新聞出版社、2008)……………………………………………………………068

会社は「ヒト」である、とよく言われる。しかしそれはなかなか証明しにくいことである。ところが、日

本で一番［社史］を読んだ村橋がそこに介すると、それは物語から現実の次元にいきなり降りてくる。なるほどそれだからこそその企業は、いまここにあるのだと、納得する。味の素、三越、マツダ、シャープ、ワコール、オリンパス、カゴメ、積水ハウス……。名だたる企業の創業、中興、そして現在への物語が詰まったこの本は、「メイド・イン・ジャパン」の本質を見せてくれる。歴史とは、人の語りの集積であるということを、改めて実感する。存続の方向性が取りざたされている「社史の殿堂」県立川崎図書館で、村橋の話を聴いた日が懐かしい。

36　米盛裕二『パースの記号学』

(勁草書房、1995) ··272

チャールズ・サンダース・パースには「主著」というものがない。彼の研究の原典とされるのは専ら“Collected Papers of Ch.S.Pierce”であるが、その実態は、未定稿、書簡、メモ書き的アフォリズムの集積体である。だからパース研究は、基本的にその思想の遍歴を編むことから始まる。ただし、それはなかなかの難峰であり、丸腰で挑戦するのは危険だ。米盛と出会わなければ、きっと僕は、手も足も出なかっただろう。「三項」で認識し、考えることの論理性。そして「アブダクション」という人間らしい推論法の発見──わかり始めると、パースの理論の説明力、応用可能性のとりこになりはじめた。一言でいうならそれは「思考することの自由」なのだと思う。僕たちは、そうした「無限の記号過程」を生きている。

37　横山 正『箱という劇場』

(王国社、1989) ··079

箱は空間であり時間である。それには内と外があり、開いて閉じる行為がある。よくぞ「劇場」と言ったものである。そしてそこにおそらく劇場以上の可能性があるのは、中に入れるものをプライベートに秘すことができるからだろう。この本には古今東西の「箱」に関する美術作品が掲載されている。観ているだけで楽しいが、気になるのは「箱」に向き合っているときの、自分の思考の在り方である。横山が「透視図法」の研究者・実践者であったということが、彼の「箱」についての気づきを促したのだろう。イーフー・トゥアン『空間の経験─身体から都市へ』(ちくま学芸文庫、1993)や、エドワード・W・ソジャ『第三空間─ポストモダンの空間論的転回』(青土社、2005)にも通じる、リアル－ヴァーチャルを結ぶ空間論である。

読書ノート

「分光器」の原材料貯蔵庫について

『メディア分光器』4つ目のINDEXともいえるこのノートは、思考が変化に揺さぶられたときに立ち止まり、振り返るための「僕の道標」集であり、この本の「裏メニュー」である。これらの著作との出会いがなければ、今の僕はいない。古くは35年前の学部生時代、あるいはサラリーマン時代を支えてくれたものもあれば、『メディア分光器』を書く中で出会ったものもある。当然、これらが全てではないが、僕が考える「メディアの問題」に近い順に絞っていった結果、この37冊になった。でも、ここに挙げた著作、挙げきれなかった著作は、みな互いにリンクを成している。それが「知」のネットワークであり、その末端に『メディア分光器』の1つ1つの時評がある。そしてたぶん、そこからさらに広がる2017年以降の僕も、そこにいるんだと思う。

水島　久光　（みずしま　ひさみつ）

1961年生まれ。慶應義塾大学経済学部卒業後、広告会社、インターネット情報サービス会社を経て、2003年東京大学大学院学際情報学府修士課程修了。同年東海大学文学部広報メディア学科に着任。教授。

書いてきた本（単著、共著、論文集寄稿）

『閉じつつ開かれる世界—メディア研究の方法序説』勁草書房、2004

「ケータイというメディア—『融合』の微分学」（日本記号学会編『新記号論叢書セミオトポス2　ケータイ研究の最前線』慶應義塾大学出版会、2005）

「大学と実践—『危機』の本質とその脱出口」（日本記号学会編『新記号論叢書セミオトポス3　溶解する大学』慶應義塾大学出版会、2006）

「情報機器が生み出す『融合』環境と『広告』の位相」「インターフェイスとしてのGoogle、ブログ—『ユーザー』という概念を巡って」「融合の微分学—端末市民論再考」（石田英敬編『知のデジタル・シフト—誰が知を支配するのか』弘文堂、2006）

「記録と記憶—“ヒロシマ”を巡る諸問題」「テレビと技術—テレビジョン分析の現在」（日本記号学会編『新記号論叢書セミオトポス4　テレビジョン解体』慶應義塾大学出版会、2007）

『テレビジョン・クライシス—視聴率・デジタル化・公共圏』せりか書房、2008

『窓あるいは鏡—ネオTV的日常生活批判』西兼志との共著、慶應義塾大学出版会、2008

「娯楽番組について考える—バラエティとジャンルの混交」島崎哲彦、池田正之、米倉律編『放送論』学文社、2009

「『笑い』と『涙』の生産と流通—情報バラエティの感情経済学」藤田真文、岡井崇之編『プロセスが見えるメディア分析入門—コンテンツから日常を問いなおす』世界思想社、2009

「『いのち』と『からだ』の“記号学的回復”に向けて」（日本記号学会編『新記号論叢書セミオトポス6　いのちとからだのコミュニケーション　医療と記号学の対話』慶應義塾大学出版会、2011）

「『記録』と『記憶』と『約束ごと』—デジタル映像アーカイブをめぐる規範と権利—」NPO知的資源イニシアティブ編『アーカイブのつくりかた—構築と活用入門』勉誠出版、2012

「アーカイブとアーカイブをつなげる—連携の諸相・その必然性—」原田健一、石井仁志編『懐かしさは未来とともにやってくる—地域映像アーカイブの理論と実際』学文社、2013

「空間に音を響かせることをめぐって」（日本記号学会編（叢書セミオトポス10）『音楽が終わる時—産業／テクノロジー／言説』新曜社、2015）

「放送の公共圏の再編—倫理とメディアの時空間に関する一考察」竹之内禎，河島茂生 編著『情報倫理の挑戦—「生きる意味」へのアプローチ』学文社、2015

「中田鉄治—『炭鉱から観光へ』」苅谷剛彦編『バブル崩壊—1990年代（ひとびとの精神史 第8巻）』岩波書店、2016

「ミシェル・フーコーと「玉ねぎの皮」—デジタル・メディア社会の時空間構制論」『理論で読むメディア文化—「今」を理解するためのリテラシー』新曜社、2016

「もう一つのハイブリッド・リーディング—ワークショップ「書かれぬものをも読む」をめぐって」（日本記号学会編（叢書セミオトポス11）『ハイブリッド・リーディング 新しい読書と文字学』新曜社、2016）

メディア分光器

ポスト・テレビからメディアの生態系へ

2017年3月28日　第1刷発行

著　　者　水島久光
発 行 者　原田邦彦
発 行 所　東海教育研究所

〒160-0023
東京都新宿区西新宿7-4-3
升本ビル
TEL　03(3227)3700
FAX　03(3227)3701
eigyo@tokaiedu.co.jp

発 売 所　東海大学出版部

〒259-1292
神奈川県平塚市北金目4-1-1
TEL　0463(58)7811

装丁・本文デザイン　野村 浩（N/T WORKS）
組　　版　フレックスアート
印刷製本　モリモト印刷株式会社

定価はカバーに表示してあります。

ISBN 978-4-486-03904-4
Printed in Japan